图书在版编目（CIP）数据

高校融资总量、结构及绩效评价研究／刘欣，杜莉著．--北京：中国经济出版社，2021.9

ISBN 978-7-5136-6627-5

Ⅰ．①高…　Ⅱ．①刘…　②杜…　Ⅲ．①高等学校-融资-中国　Ⅳ．①G647.5

中国版本图书馆 CIP 数据核字（2021）第 187818 号

责任编辑　牛慧珍
责任印制　马小宾
封面设计　任燕飞

出版发行　中国经济出版社
印 刷 者　北京九州迅驰传媒文化有限公司
经 销 者　各地新华书店
开　　本　710mm×1000mm　1/16
印　　张　14
字　　数　185 千字
版　　次　2021 年 9 月第 1 版
印　　次　2021 年 9 月第 1 次
定　　价　88.00 元
广告经营许可证　京西工商广字第 8179 号

中国经济出版社　**网址** www.economyph.com　**社址** 北京市东城区安定门外大街 58 号　**邮编** 100011
本版图书如存在印装质量问题，请与本社销售中心联系调换（联系电话：010-57512564）

前言 PREFACE

随着经济全球化的不断推进，国家间的竞争越来越激烈。全球范围内的竞争，不仅是经济、政治、军事、文化上的竞争，也是各国之间人才的竞争。各个国家的高校为本国源源不断地输送优秀人才，最终决定了国家的竞争优势，由此看来，高等教育十分重要。改革开放以来，中国不断加大对高等教育领域的资源投入，继“211 工程”“985 工程”之后，于 2015 年开始实施“双一流”建设高校国家战略，不断提升中国高等教育的综合实力和国际竞争力。中国高等教育已由“精英教育”模式转变为“大众教育”模式，并即将进入“普及教育”模式阶段。2018 年，全国各类高等教育在学总规模达到 3833 万人，高等教育毛入学率达到 48.1%①。接受高等教育人数的增长在一定程度上与所需资源的供给能力形成了矛盾，学校必须建设足够的教学科研设施和保障性配套设施、自我培养或引进优秀师资等，才能更好地满足受教育群体的需求，保证教育产出的质量。只有有充足的教育办学经费，才能保证高校稳定发展和“双一流”建设，这就对高校进一步增加融资总量、优化融资结构提出了新的要求。

我国高校融资仍主要依托传统的财政拨款。尽管随着经济社会的进

① 2018 年全国教育事业发展统计公报［EB/OL］. http：//www.moe.gov.cn/jyb_sjzl/sjzl_fztjgb/201907/t20190724_392041.html.

步和发展，应逐渐拓宽高校自身资源和社会力量办学的融资方式或渠道，但总体来看，我国高校的办学经费融资渠道相对单一，且融资的规模有限，难以满足教育快速发展的现实需求。可见，对高校办学经费融资渠道进行拓展及选择，进而实现融资结构的优化尤为重要。在我国经济增长动力转化的背景下，我国高校的办学经费融资规模、结构及模式也必然发生相应的调整和变化，传统的高等教育办学经费融资模式已然不能适应经济转型的需求。因此，在新的经济发展环境下，高校多元化融资已经成为我们必须要面对和解决的问题。基于此，考虑到数据来源的可得性、代表的普遍性和可比性，本书以76所教育部直属高校（下文统称“高校”）对外公开的融资数据为样本，通过对教育部直属高校办学经费不同时期、不同区域的融资总量、结构及模式进行比较分析，构建了高校融资水平评价指标体系，对高校融资水平进行了评价，并且利用实证研究方法，对高校经费融资结构和融资绩效表现进行了回归分析，进而剖析了高校经费融资结构对高校融资绩效的影响和成因。根据研究结论，本书提出了适合我国国情的高校办学经费融资模式及结构优化思路，以期提高高校经费融资绩效、提升高校办学质量。

本书的主要研究内容如下：

第1章，导论。本章主要对本书的研究背景，研究目的及意义，相关研究文献综述，研究方法、技术路线与数据来源，研究的内容与结构，创新和不足进行总体阐述，为本书谋篇布局，并提出研究方向和思路。

第2章，相关概念界定及理论基础。本章对教育部直属高校、融资、内源性融资、外源性融资等概念进行界定，并对人力资本理论、成本分担理论、融资优序理论、绩效管理理论等进行具体分析。

第3章，高校办学经费融资总量、结构及模式的演进分析。本章主要对高校办学经费融资总量、融资结构和融资模式的演进进行分析和研究，并指出我国高校办学经费融资的特点、融资的主要渠道及存在的问题。

第4章，基于区域分布的高校办学经费融资总量、结构及模式的比较分析。本章将我国高校划分为东部、中部、西部和东北四大板块，对四大板块的高校办学经费融资的总量、结构和模式进行了比较分析，并研究了差异性产生的原因。

第5章，高校办学经费融资水平的评价指标体系构建及评价。本章提出了高校办学经费融资水平评价指标体系构建的原则，并据此构建了评价指标体系；确定了评价对象及数据来源；对熵值法、变异系数法以及灰色关联度分析法等方法进行了比较和适应性选择。根据构建的评价指标体系，分别对全国及地区（东部地区、中部地区、西部地区、东北地区）高校融资水平进行了评价。

第6章，高校办学经费融资绩效的影响因素分析。本章根据第5章得出的结论，对高校办学经费融资结构和融资绩效表现进行了回归分析，分别从全国及地区（东部地区、中部地区、西部地区和东北地区）层面出发，得出融资结构对高校融资绩效的客观影响，包括影响方向及影响显著程度，进而分析造成这种影响的原因。

第7章，主要结论与对策建议。本章根据前文对我国高校办学经费融资的总量、结构及模式的演进分析，以及空间比较和实证分析的研究结论，提出对策建议：从政府维度出发，探索加大高校财政拨款力度，改善拨款方式；从高校维度出发，拓宽办学经费融资渠道，完善内部配套机制；从社会维度出发，积极培养社会共同办教育的理念。

目录 CONTENTS

第1章　导　论

1.1　研究背景

随着经济全球化的不断推进，国家间的竞争越来越激烈。全球范围内的竞争，不仅是经济、政治、军事、文化上的竞争，也是各国之间人才的竞争。各个国家的高校为本国源源不断地输送优秀人才，最终决定了国家的竞争优势，由此看来，高等教育十分重要。改革开放以来，中国不断加大对高等教育领域的资源投入，继“211工程”“985工程”之后，于2015年开始实施“双一流”建设高校国家战略，不断提升中国高等教育的综合实力和国际竞争力。国家加大对科研项目津贴和项目支出经费的投入，激发导师及学生的研究动力，加大对各项奖学金、助学金的投放力度，并保证每一笔钱都发到学生的手中。

中国高等教育已由“精英教育”模式转变为“大众教育”模式，并即将进入“普及教育”模式阶段。2018年，全国各类高等教育在学总规模达到3833万人，高等教育毛入学率达到48.1%[①]。接受高等教育人数的增长在一定程度上与所需资源的供给能力形成了矛盾，学校必须建设足够的教学科研设施和保障性配套设施、自我培养或引进优秀师资等，才能更好地满足受教育群体的需求，保证教育产出的质量。增加受教育人数与提高教

① 2018年全国教育事业发展统计公报［EB/OL］. http://www.moe.gov.cn/jyb_sjzl/sjzl_fztjgb/201907/t20190724_392041.html.

育产出质量是发展教育的两个方面，想要更好地发展高质量教育，这两个方面都不容忽视。如果只是增加了受教育人数，而无法保证教育产出质量，那高等教育实际上就是在退步。只有有充足的教育办学经费，才能提高教育资源的供给能力，从而保证高校稳定发展和开展“双一流”建设，这就对高校进一步增加融资总量、优化融资结构提出了新的要求。

针对高校教育经费的融资、使用、治理等方面的短板，为加快提升教育部直属高校办学质量和水平，深化其办学经费融资体制改革，国家陆续出台了相关政策文件给予政策引导和支撑。2015年《财政部　教育部关于改革完善中央高校预算拨款制度的通知》中指出：为充分提升教育部直属高校经费的利用效率，应做到“不断发展完善收入支出体系建设，重构项目支出体系，进一步优化教育部直属高校的各个部门的职能权利，保障下拨资金的充分利用，必须建设一套体系完备的收支系统，公示每一笔钱的流向，方便公众的监督”。教育本来就是公共事业，接受公众的监督是应该的。虽然部分高校有企业的性质，但是所有教育部直属高校均属于国家办学，所以必须要通过预算收支体系的调整来控制资金的筹措和利用，保证资金的确用于教育、科研以及为社会服务等。

我国高校融资仍主要依托传统的财政拨款。尽管随着经济社会的进步和发展，应逐渐拓宽高校自身资源和社会力量办学的融资方式或渠道，但总体来看，我国高校的办学经费融资渠道相对单一，且融资的规模有限，难以满足教育需求的快速发展带来的现实需求。可见，对高校办学经费融资渠道进行拓展及选择，进而实现融资结构的优化尤为重要。在我国经济增长动力转化的背景下，我国高校的办学经费融资规模、结构及模式也必然发生相应的调整和变化，传统的高等教育办学经费融资模式已然不能适应经济转型的需求。因此，在新的经济发展环境下，高校多元化融资已经成为我们必须要面对和解决的问题。基于此，考虑到数据来源的可得性、代表的普遍性和可比性，本书以76所教育部直属高校（下文统称“高校”）对外公开的融资数据为样本，通过对教育部直属高校办学经费不同时期、不同区域的融资总量、结构及模式进行比较分析，构建了高校融资水平评价指标体系，对高校融资水平进行了评价，并且利用实证研究方法，对高校经费融资结构和融资绩效表现进行了回归分析，进而剖析了高校经费融资结构对高校融资绩效的影响和成因。根据研究结论，本书提出了适合我国国情的高校办学经费融资模式及结构优化思路，以期提高高校经费融资绩效、提升高校办学质量。

1.2 研究目的及意义

1.2.1 研究目的

本书的研究目的主要体现在以下四个方面：

一是通过对高校办学经费融资总量、结构、模式的演进分析，明确高校办学经费融资总量、结构和模式的历史变迁，指出高校办学经费融资的特点、主要渠道以及存在的问题。

二是将我国高校划分为东部、中部、西部和东北四大板块，对四大板块高校办学经费融资总量、结构和模式进行比较分析，研究差异性产生的原因，进而进行实证分析。

三是通过研究构建高校办学经费融资水平评价指标体系，对熵值法、变异系数法以及灰色关联度分析法等方法进行比较和适应性选择。从全国和地区（东部地区、中部地区、西部地区、东北地区）层面对高校融资水平进行评价，包括内源性融资水平、外源性融资水平以及综合融资水平。

四是分别从全国和地区（东部地区、中部地区、西部地区和东北地区）层面出发，对高校办学经费融资结构和融资绩效表现进行回归分析，得出融资结构对高校融资绩效的客观影响，为高校办学经费融资结构的优化组合及方案选择提供帮助，也为有关部门做出决策提供参考。

1.2.2 研究意义

高校要不断发展壮大，教育办学经费的多少起着至关重要的作用。充足的教育办学经费能够保证高校稳定发展和开展“双一流”建设，但是政府对高校的财政拨款是有限的，高校必须通过自身的能力来拓展经费的融资渠道，增加办学经费的来源，提升教育办学质量。特别是新的经济发展形势下，经济结构的调整、经济增长动力的多元化、经济增速的放缓等因素对高校选择办学经费融资渠道也产生了一定的影响，所以高校必须要适应经济发展的变化形势，并且抓住机遇，积极提高教育办学质量，调整教育办学融资结构，拓展教育办学经费融资渠道，实现教育办学经费融资多元化发展。因此，研究高校办学经费融资总量、结构及绩效评价具有重要的理论意义和现实意义。

1.2.2.1 理论意义

在经济学中，高等教育因性质的特殊被定义为准公共产品。其最重要的特点是：具有不可衡量的正外部性。正因为其是准公共产品，而且具有非常强大的正外部性，所以教育的发展不能单单依靠政府来扶持，私人也就是教育的受益者也可以向其提供资金支持。但是政府的扶持是必要因素，因为我国的高等院校以公立高校为主体，且高等院校不以营利为目的，而以学生培养、科学研究、服务社会、文化传承等为己任。高校作为一个运营主体，资金的支持是其顺利运转和经营的必要条件，所以，高校适当的融资规模、合理的融资结构等就成了必不可少的理论探讨和研究内容。

现阶段，我国高校办学经费短缺的问题一直存在，为解决该问题，高校通过与政府和企业合作共创收益。通过这些途径，高校的确增加了一些教育经费来源，补充了教育经费缺口，但是效果并不是很理想，这类增收途径并没有明显地改变高校经费短缺的现状。而在理论研究层面，现有的研究并没有形成一个完整且有效的解决问题的理论体系，一些研究只是在寻找问题，但是对于解决问题的方法一直没有形成一个有体系的、有逻辑的、具备长效机制的框架。本书以人力资本理论、成本分担理论、融资优序理论、绩效管理理论等理论为研究基础，结合我国教育部直属高校融资实际，对高校办学经费融资总量、结构及绩效评价进行研究，体现了理论的实践应用与创新，并在现有教育管理体制下，将高校的经费融资模式及其解决渠道的问题从理论上明晰化，为相关决策体系提供依据。

1.2.2.2 现实意义

在经济转型的背景下，高校办学经费融资问题已成为所有高校都必须重视的问题，尤其是教育部直属高校的办学经费融资问题与高校发展战略目标息息相关，对提升高校办学质量具有重要作用。虽然政府仍将是教育部直属高校融资的主要渠道，但拓展高校利用自身资源和社会力量办学的融资渠道是高校选择融资策略、进行融资策划不容忽视的理念和必须坚持的方向，这是增加高校办学经费的重要来源，也是现代大学的发展趋势和必然要求。从高校办学经费融资总量来看，主要问题是如何解决其发展所需的资金；从高校办学经费融资结构来看，关键在于如何通过不同经费融资方式和管理控制手段来达到降低经费融资成本和提高效率的双重目的。这不仅反映和解决了高校内部的问题，也能通过经费融资来提升学校之间的教学、科研竞争，激发其教学、科研动力。因此，高校办学经费融资总量、结构研究的现实意义重大。

目前，高校办学经费融资计划是否完善，有没有相应的成本核算，办学经费融资的规模、结构和水平是否合理，融资能力如何，经费融资的影响因素有哪些等问题都值得深入探讨。本书将通过对高校办学经费融资总量、结构、模式等进行分析，构建高校办学经费融资绩效评价指标体系，对我国高校办学经费融资绩效的影响要素和经费管理水平等方面进行研究，进一步提出适合我国国情的高校办学经费融资模式及其具体运作机制，进而提高教育部直属高校经费融资绩效。

1.3 相关研究文献综述

1.3.1 关于高校融资的必要性的研究

马克·布劳格（1972）将经济价值引入教育的研究中，认为教育是长期投入，虽然付出了一定的经济价值，但是从长远来看，会带来源源不断的超出想象的经济价值①。美国芝加哥大学教授西奥多·威廉·舒尔茨（1982）研究了教育的成本收益与经济增长的关系等问题，提出三个观点：教育的发展可以带来经济增长的发展，教师的工资是影响教师工作积极性的一个重要因素，教育的发展离不开国家财政的支持②。亨利·莱文（1990）提出了关于教育投资的两个观点：教育兼具生产和消费投资两个属性；教育的投资具有滞后性，但是值得投资。他积极倡导为教育投入资金，发展教育③。约翰·克雷迪（1995）提出高等教育的受教育者的终身收入与个人教育收益率的问题，认为不管受教育者的终身收入的高与低，教育的投入都是起了一定作用的，只是对于单个个体来讲，作用的大小可能不同，所以最后的收入高低的确会有很大差异，但如果不接受教育，不进行教育的投资，往往处境和收入不如接受教育④。Strosnider 和 Kim（1998）以莱克星顿学院、弗吉尼亚大学等大学为例，研究了资助基金会对学校建设的重要性。这样可使得家境贫困的孩子读得起书、上得起学，接受公平的教育，不会陷入贫困的旋涡，也使得学校和政府的经济压力大

① BLAUG M. An introduction to the economies of education [M]. London: Penguin Press, 1972.

② 江涛. 舒尔茨人力资本理论的核心思想及其启示 [J]. 扬州大学学报（人文社会科学版），2008 (6).

③ DURONIO M A & LOSSIN B A. Effective fund raising in higher education [M]. San Francisco: Jossey-Bass, 1991.

④ DURAND B R. Demographic, institutional and leadership characteristics affecting fund raising performance: A study of public colleges in New York state [D]. ProQuest Digital Dissertations, 2002.

大减轻[①]。布鲁斯·约翰斯通（2002）在现今世界范围内的教育背景下，分析了高等教育财政改革的类型[②]。储祖旺（2007）研究了各个学校的教育融资形式和渠道，经过充分的调研，得出现存的教育融资形式依然比较单一，且很多款项的利用情况非常不好的结论，这与我们的目标远远相悖[③]。薛红兵（2011）认为，由于需要接受教育的人很多，高校大规模扩大宿舍、教室等容纳场所，正是这些原因使得其经费变少。除了一些科研能力极强的高校以外，其余的高校能获得的款项极少、高校创收较少，在银行贷款规模较大的环境下，高校办学经费多元化、多渠道融资成为必然，这对于优化高校经费融资结构、提高办学质量作用巨大[④]。Abd Rahman Ahmad 和 Alan Farley（2014）认为，高校教育经费投入的增加能够提升办学质量和教学质量，进而促进高校更快更好发展[⑤]。Aurelija Pūraitė 等（2017）探讨了国家选择的高等教育机构融资方式对高校经济活动及其财政自主权的影响，认为高等教育经费不足直接影响高等教育体系的其他方面[⑥]。李军凯、王欣（2017）认为，我们应将融资的源头转向市场，因为政府财政拨款的额度有限，应积极倡导社会上教育经费的投入，这对于提升高校办学质量具有重要意义[⑦]。Dwi Priyono 和 Ahmad Ahmad（2018）通过对印度尼西亚高等教育筹资实施情况的研究，发现高等教育

---

① WORTH，MICHAEL J. New strategies for educational fund raising [M]. Westport，CT：Formerly ACE/Oryx Press，2002.

② JOHNSTONE B C. Finance and politics in the sharing the cost of higher education [Z]. The International Proseminar of Economies in Education，Beijing，2002.

③ 储祖旺. 我国高校筹资多元化的目标及其现状分析 [J]. 教育与经济，2007（1）：50-55.

④ 薛红兵. 高校办学经费多渠道筹措及其财务风险防范 [J]. 黎明职业大学学报，2011（4）：41-43.

⑤ AHMAD A R，FARLEY A. Funding reforms in malaysian public universities from the perspective of strategic planning [J]. Procedia Social and Behavioral Sciences，2014（10）：12-16.

⑥ PŪRAITĖ A，PRANEVIČIENĖ B，VASILIAUSKIENĖ V. State financing impact on autonomy of HEIs and its link with economic activities of universities [J]. Engineering Economics，2017，28（5）：564-574.

⑦ 李军凯，王欣. 新时期地方高校筹资工作的思考 [J]. 北京教育（高教），2017（2）：8-10.

经费的投入对高等教育质量有显著影响①。Futao Huang（2018）探究了日本高等教育融资机制的基本模式、融资机制发生的主要变化及其对高等教育发展的影响②。洪成文、牛欣欣（2018）认为，重视高校社会捐赠是增加高校教育经费收入、振兴高校办学的重中之重③。Cor J. W. Meijer 和 Amanda Watkins（2019）认为，不断变化的包容性教育筹资制度仍然可以被视为实现更广泛地包容有特殊教育需要的学生的目标的一个关键杠杆④。John Mohmad Wani 和 Anisa Jan（2019）发现，印度的大学办学经费融资严重依赖政府的资助⑤。Mónica Benito 等（2019）认为，办学经费影响着高校排名情况⑥。

1.3.2 关于高校融资的影响要素的研究

陈玫（2008）研究认为，由于受经济发展水平影响，政府财政拨款已经不能完全满足高校发展的需要，高校创收能力弱、学校内部管理不善、浪费严重等情况制约着高校的发展，因此，必须加强高校教育办学经费融资，“开源节流”，确保高校可持续发展⑦。Niklas Potrafke（2010）研究认为，政府意识形态对其政府教育与文化事业的公共支出会产生影响⑧。Ma-

---

① PRIYONO D，AHMAD A. The implementation of higher education funding in indonesia [J]. Open Access Library Journal，2018，5（6）：1-11.

② HUANG F. Higher education financing in Japan：Trends and challenges [J]. International Journal of Educational Development，2018（58）：106-115.

③ 洪成文，牛欣欣. 西部高等教育振兴视角下高校社会捐赠财政配比政策研究 [J]. 重庆高教研究，2018，6（4）：28-38.

④ MEIJER C J W，AMANDA WATKINS. Financing special needs and inclusive education-From salamanca to the present [J]. International Journal of Inclusive Education，2019，23（7-8）：705-721.

⑤ WANI J M，JAN A. Financing universities in India [J]. TRANS Asian Journal of Marketing & Management Research，2019，8（6 & 7）：14-23.

⑥ BENITO M，GIL P，ROSARIO ROMERA. Funding，is it key for standing out in the university rankings [J]. Scientometrics，2019，121（2）：771-792.

⑦ 陈玫. 高校科研经费管理中的问题与对策 [J]. 科技信息，2008（32）：339-340.

⑧ POTRAFKE N. Public expenditures on education and cultural affairs in the West German States：Does government ideology influence the budget composition [J]. German Economic Review，2010：45-47.

riana Cunha 和 Vera Rocha（2012）构建了高校教育财政绩效指标，通过数据包络分析方法对葡萄牙高校公共教育财政绩效进行了评价①。李振东（2013）研究认为，我国高校财政拨款模式存在不足，主要包括：拨款参数过于单一、专项补助未落实、绩效拨款体现不明显、生均综合定额内容不合理等，这不利于我国高校办学经费融资②。宋国梁（2014）研究认为，我国高等教育经费融资存在诸多问题，主要包括对财政拨款依赖大、高校自身创收能力不足、校办企业发展缓慢、社会捐赠数量有限等，比较分析了中美高等教育经费的融资问题，并建议我国高校在经费融资过程中，大力发展校办企业，增强高校自身创收能力，广泛争取私人及社会捐赠，增大我国高校办学经费的融资力度③。Ingars Wong 和 Jana Erina（2015）研究认为，横向转移支付的缺失或不足是造成区域间高校公共教育服务差异不断扩大的原因之一④。戎加丽（2015）研究认为，政府投入不能满足高校扩招带来的资金需求、地方经济发展落后、捐赠意识薄弱等是造成高校发展资金短缺的影响因素⑤。P. Geetha Rani（2017）分析了印度高等教育和教育贷款融资的州际差异和决定因素⑥。Z. Varnaliy 和 O. Krasilnyk（2017）研究认为，高等教育机构的更大自主权将使它们能够有效地产生和利用财政资源；以绩效为基础的资助体系将促进教育机构提高竞争力，提高高等

① CUNHA M，VERA ROCHA. On the efficiency of public higher education institutions in portugal：An exploratory study［J］. FEP Working Papers，2012（12）：13-16.

② 李振东．我国高校财政拨款模式研究［J］. 商，2013（8）：140，145.

③ 宋国梁．浅析中美高等教育经费的筹措［J］. 文学教育（中），2014（7）：63.

④ WONG I，ERINA J. The higher education financing system：The case of latvia［J］. Procedia Social and Behavioral Sciences，2015（177）.

⑤ 戎加丽．云南省国门高校教育经费筹集可行性渠道分析［J］. 现代经济信息，2015（4）：444-445.

⑥ RANI P G. Financing higher education and education loans in India：Interstate differentials and determinants［J］. Journal of Social and Economic Development，2017，19（1）：42-59.

教育的整体质量①。Frolova Victoria 等（2017）研究认为，入学人数的增长、私营部门的扩大和高等教育成本的增加、高等教育的支付意愿和收入溢价的增加、教育信贷需求的增加以及贷款文化的更广泛接受等是教育贷款驱动高等教育资金增加的动力因素②。李贻员（2017）研究认为，我国民办高校经费融资存在政府投资量少、经费融资渠道单一、学校自筹经费能力差、教育投入市场化与相关法律法规存在冲突、社会捐赠力度小、捐赠积极性不高等问题，不利于高校办学经费融资③。Samson John Mgaiwa（2018）研究认为，坦桑尼亚公立大学的资金来源是不可靠和不可持续的④。申政清等（2018）研究认为，融资模式单一、经费结构不合理等制约着高校办学经费融资质量的提升⑤。Antoniuk Valentyna P.（2019）研究认为，人才培养数量减少、教育层次结构变形、教育质量下降、不适应经济需要的消极趋势不利于乌克兰高等教育办学走向现代化，影响了其教育经费融资⑥。舒晓飞（2019）研究认为，政府财政投入对高校办学经费融资以及高校高等教育发展起着至关重要的作用⑦。

1.3.3 关于高校融资的对策建议的研究

王云儿等（2009）研究认为，要解决教育资金的融资问题，最重要的

---

① VARNALIY Z，KRASILNYK O. Optimization of financing public higher education institutions in Ukraine［J］. Vìsnik. Kiïvskogo Nacìonalnogo Unìversitetu ìmenì Tarasa Ševčenka. Ekonomìka，2017，5（194）：6-13.

② VICTORIA F，OLGA D，TATYANA S. Diversification of the higher mining education financing in globalization era［J］. E3S Web of Conferences，2017（21）.

③ 李贻员．我国民办高校经费筹措存在的问题及对策探究［J］. 西部素质教育，2017，3（10）：77-78.

④ MGAIWA S J. The paradox of financing public higher education in Tanzania and the fate of quality education：The experience of selected universities［J］. SAGE Open，2018：8.

⑤ 申政清，王一涛，董圣足．非营利性民办高校的经费如何筹措——基于美国非营利性私立高校的比较［J］. 现代教育管理，2018（1）：115-121.

⑥ A P VALENTYNA. The higher education in Ukraine on its way towards modernization［J］. Bìznes Inform，2019，4（495）：198-204.

⑦ 舒晓飞．福建省高等教育财政支出现状及效果［J］. 合作经济与科技，2019（10）：170-172.

是将注意力放在社会各界有能力捐赠的人身上，其次就是要创新接收渠道，通过多种形式的融资使高校更好地发展，建立多元化经费融资机制是高校办学经费融资的可行思路[①]。孙保华和吴珂林（2010）提出了解决我国高校经费融资困境的对策建议，主要包括：努力创造条件，积极争取政府支持；吸引更多社会赞助；加强科研成果转化；提高经费使用效率[②]。邢红娇（2010）研究认为，大力开拓捐赠等融资渠道、加强科研经费的管理、增加其他收入等是进一步解决我国高校办学经费紧缺的可行办法[③]。向思燚（2011）提出了拓宽融资渠道的重要性，认为这是唯一能解决资金问题的方式，建立多元化的融资机制是高校提升教育办学质量、实现可持续发展的必由之路[④]。公雪（2011）提出了我国高校教育经费融资的对策建议，主要包括：首先，继续巩固和发挥财政收入主渠道作用，由政府引导建立良性的融资机制，同时建立完善的科研奖励机制；其次，高校也要尽自己的力量增加创收渠道，为本身的自有资金积累创造更多的条件；再次，银行可以为高校提供投资理财服务；最后，加强高校多元化融资方式的应用，制定鼓励性捐款政策，尝试引入外资[⑤]。范俊芳（2011）研究认为，与国外发达国家高校相比较，我国高校资金融资仍有不足，但是这些不足单单依靠高校自身是无法解决的，必须依靠政府及全社会的力量，只有这样才能逐渐解决教育经费融资的问题[⑥]。杨晓辉（2012）分析了高校多元化融资困境的表现及其原因，指出了进行高校融资制度建设的必要性，进而从政府和高校自身两个角度尝试进行制度建设。他认为，政府应

---

① 王云儿，周莹莹，卢虹，等．中国民办高校办学经费筹措的思路与途径［J］．浙江万里学院学报，2009，22（1）：87-91.

② 孙保华，吴珂林．我国普通高校筹资对策分析［J］．金陵科技学院学报（社会科学版），2010，24（1）：17-20.

③ 邢红娇．关于高校办学经费问题的思考［J］．经济师，2010（8）：123-124.

④ 向思燚．高校构建多元化筹融资机制分析［J］．中国乡镇企业会计，2011（6）：61-62.

⑤ 公雪．高校经费筹措问题初探［J］．财会通讯，2011（2）：67-68.

⑥ 范俊芳．我国高校主要筹资方式及存在的问题［J］．安徽电子信息职业技术学院学报，2011，10（4）：91-93.

加大政策支持和法律支持，为其提供良好的环境；高校自身应深化产权改革、健全融资组织架构、完善相关会计制度等，以提高融资能力和融资效率①。张颖（2013）研究认为，高校市场化融资模式是对传统高校融资方式的创新，这种创新是具备风险的，所以只有结合自己的优势来进行创新才有可能真正让创新具有可行性，从而提高高校教育办学质量②。李承香和朱品梅（2014）研究认为，我国地方高校应做到：积极争取政府拨款；细致划分款项的用途，并判断它的合理性——需要找特定的人员去进行调查，并及时检查；积极开展国际交流，坚持多元化办学经费融资的思路，不断提升高校教育办学质量③。樊晶（2014）研究认为，我国民办高校办学经费融资应该坚持增强民办高校硬件与软件实力，建立规范的民办高校捐赠制度，开拓多样的民办高校融资形式，鼓励发展绩效高的校办企业，成立专门的民办高校融资机构，提高民办高校校长的融资能力，这样才能最终解决民办高校办学经费融资困难的问题④。贺慧（2015）研究认为，为缓解我国高校教育经费供给与需求的矛盾，高校可以通过银行贷款、BOT 融资、租赁融资和土地置换等多种途径进行融资。但在这一过程中，存在高校融资方式单一，过分依赖政府，高校融资行为缺乏科学决策和合理管理，高校经费使用效率较低等问题，不利于我国高校办学经费融资渠道的多元化发展和教育办学质量的提高⑤。刘丹华（2015）研究认为，要对科研经费实行全面预算管理；规范科研经费会计核算；加强资产管理，实现资源共享；完善科研经费管理制度。这样才能更加科学合理地使用和

---

① 杨晓辉．高校多元化筹资的困境及其制度建设［J］．前沿，2012（7）：105-106.

② 张颖．我国高等教育投入结构变化及其影响因素研究［D］．山东大学，2013.

③ 李承香，朱品梅．地方高校筹措办学经费的新思考——基于国外模式的借鉴［J］．会计之友，2014（11）：124-126.

④ 樊晶．我国民办高校办学资金筹措的若干思考［J］．沈阳工程学院学报（社会科学版），2014，10（2）：205-207+284.

⑤ 贺慧．我国高校多元化筹措经费问题探讨［J］．价值工程，2015，34（20）：237-238.

管理科研经费，提高高校科研经费融资效率[①]。Pedro Teixeira 和 Tatyana Koryakina（2016）研究认为，高等教育经费的改革离不开公共资源效率的提升以及公共高等教育机构收入的多元化融资[②]。Olga Erfort、Irina Erfort 和 Larisa Zbarazskaya（2016）研究认为，乌克兰高等教育筹资的多样化模式是可行的，既可以帮助提高质量，又不降低高等教育的可获得性[③]。陈岳堂和李未（2016）研究认为，社会捐赠这部分资金极其重要，特别是对于民办高校这种国家拨款少的学校，对提升高校教育办学质量具有积极作用。他们提出了进一步提高社会捐助、助推高校办学经费融资的有效途径[④]，包括高校加强自身品牌建设，树立良好社会形象；加大社会捐赠的宣传力度，处理好与地方企业的关系；高校捐赠注重筹集工作正规化；积极发挥舆论导向作用，营造捐赠文化；完善捐赠税法制度建设，加大税收优化政策的激励；等等。Abankina 等（2017）研究认为，俄罗斯大学为应对公共资金减少采取了两种策略，即收入来源的多样化和支出结构的改变[⑤]。孙明琪（2018）研究认为，学习西方高校办学经费融资的先进经验，强化政府的作用以及优化高校经费融资结构等是提升高校办学质量、增加高校办学经费的可行途径[⑥]。Jinusha Panigrahi（2018）研究认为，高等教育创新融资方式是提升其办学质量的重要选择[⑦]。Veis Y. V. 等（2019）研

---

① 刘丹华．财务视角下的高校科研经费管理问题探析［J］．金融经济，2015（24）：244-245.

② TEIXEIRA P，KORYAKINA T. Political instability austerity and wishful thinking：Analysing stakeholder's perception of higher education's funding reforms in Portugal［J］．European Journal of Education，2016（1）：121-126.

③ ERFORT O，ERFORT I，ZBARAZSKAYA L. Financing higher education in Ukraine：The binary model versus the diversification model［J］．International Journal of Educational Development，2016（49）：330-335.

④ 陈岳堂，李未．我国地方高校社会捐赠问题研究［J］．宁波大学学报（教育科学版），2016，38（1）：49-53.

⑤ ABANKINA，VYNARYK，FILATOVA. The state policy of funding higher education under public budget constraints［J］．Russian Education & Society，2017，59（3-4）：135-173.

⑥ 孙明琪．发达国家高校经费筹措及对我国高校的启示［J］．内蒙古教育，2018（2）：19-20.

⑦ PANIGRAHI J. Innovative financing of higher education：Changing options and implications［J］．Higher Education for the Future，2018，5（1）：61-74.

究认为，私人投资者的参与将使高校教育资金来源多样化①。Gulzhan Isatayeva 等（2019）研究认为，政府配套基金计划是建立筹资部门和增加捐款的有效工具②。

1.3.4 关于国外高校融资经验借鉴的研究

一部分国内学者对国外高校融资实践进行了研究，并介绍了国外先进的经验。洪柳（2013）研究了欧美、日本等高等教育管理模式后，根据我国的实际情况，提出了很多可借鉴的经验，并提出加大财政拨款力度、制定合理的学生资助政策及多元化融资的建议③。刘婧婧（2014）研究认为，美国私立大学校友捐赠对我国民办高校融资有借鉴意义，并提出建议：首先，设立方便同学交流的校友会；其次，在校内建立专项筹资部门；再次，建立完善的捐赠税收法规；最后，加强高校自身建设④。姜蓉（2015）结合澳大利亚高等教育经费融资的经验，提出中国高校经费融资应该：以政府拨款为主，自主拓宽经费融资渠道，完善奖助学金的设立和发放，形成系统的资金发放渠道，使奖励落实到每一位学生。加强多国间学生的文化交流，定期举办留学生交流大会。基于此，降低高校对国家财政拨款的依赖，提高高校办学质量，优化高校教育办学融资结构⑤。陈舒（2015）通过研究国外私立高校经费融资经验，为我国高校经费融资提供了参考和借鉴。他提出，要完善民办高等教育立法，健全社会捐赠税收优惠机制，加强对民办高校的扶持，提高对民办高校的关注度，使得民办高校具有更

---

① VEIS Y V，EREMICHEVA O Y，ILYINA L A，et al. Efficiency evaluating of project training investing as a method of private investors involvement [J]. SHS Web of Conferences，2019：62.

② ISATAYEVA G，et al. The brisk financing of education：University education and state matching funds programs in international comparison [J]. Astra Salvensis，2019（12）：323-334.

③ 洪柳．国际比较视角下的高等教育经费来源研究 [J]. 北京教育（高教），2013（4）：78-80.

④ 刘婧婧．美国私立大学校友捐赠及对我国民办高校的启示 [J]. 统计与管理，2014（6）：99-100.

⑤ 姜蓉．澳大利亚高等教育经费筹措研究 [D]. 陕西师范大学，2015.

多的发展潜能，也能吸纳更多优秀的教育工作者，积累提升民办高校高等教育质量的可行经验[①]。杨云飞（2015）通过对韩国私立大学办学经费融资模式的研究，为我国民办高校的办学经费融资提供了经验借鉴和参考。他认为，学费和政府补助的非主导化、辅助设施及社会寄附金筹集的活性化、经费筹集管理的科学化使得韩国私立大学办学经费融资机制具有多元化特质，给中国民办高校办学经费融资提供了思路，主要包括：制定民办高校自主融资相关法律法规制度，确保民办高校融资畅通；努力建立多元化融资方式，建立科学的融资管理系统；发挥自身特点和科研优势，试图为社会的发展贡献属于高校的力量。这样才有可能从根本上解决资金短缺的问题，不断提升高校办学质量[②]。郭宏（2017）通过对中印两国高等教育经费来源进行比较分析提出，增加政府高等教育投入、建立高等教育拨款中介机构、完善多元化高等教育经费来源体制是推进中国高等教育可持续发展和提升教育办学质量的重中之重[③]。程曦（2018）研究认为，美国高校经费融资主要来源于政府拨款、社会服务、社会捐赠以及学费等。通过比较中美高校经费融资，为中国高校经费融资提供了经验借鉴[④]。陈武元（2018）通过分析美日两国高校经费融资模式，为中国高校办学经费融资提供了启示，即引入市场机制、重视教育立法、改革财政拨款分配方式[⑤]。王战军、蓝文婷和布莱恩·麦考尔（2019）分析了近十年美国前50名一流高校经费融资模式，发现美国一流高校经费融资来源之间互相弥补，形成有机的统一体，认为中美两国高校经费融资特征差异性较大，中

---

① 陈舒．国外私立高校经费筹措经验借鉴［J］．合作经济与科技，2015（21）：38-39.

② 杨云飞．论韩国私立大学办学经费筹集模式对我国民办高校之启示［J］．科技创新导报，2015，12（6）：214，216.

③ 郭宏．中印高等教育经费来源比较及启示［J］．教育评论，2017（3）：54-57.

④ 程曦．美国高校经费筹措方式及对我国高校的启示［J］．滁州学院学报，2018，20（4）：79-81.

⑤ 陈武元．美日两国高校经费筹措模式及其对我国的启示［J］．高等教育研究，2018，39（7）：99-109.

国应继续保持对“双一流”建设高校的资金投入，鼓励“双一流”建设高校多渠道融资，激励社会资金投入①。

1.3.5 相关研究文献评述

从上述文献梳理中可以看出，国内外学者对高校经费融资的研究主要是针对经费融资的某一维度展开，如高校融资的必要性、高校融资的影响因素、高校融资的对策建议等，偏重于政策的理论研究，几乎把研究焦点都放在了政策的制定上面，对实证分析关注不够，缺少全面系统的分析和研究论证，没有缜密的思维和逻辑。还有一部分国内学者介绍了国外先进的经验，但是没有实现将经验转变为实践探索的全过程，偏重于理论分析，结合实际并做实证分析及对融资渠道创新的关注不够，缺少全面系统的分析和研究论证。另外，现有研究没有针对教育部直属高校这一特殊类型高校的研究。通过一系列的总结可以发现，不管是国内还是国外的现有研究，都缺少关于将理论转化为现实的路径的研究。政策的制定固然非常重要，但是其落地执行和实施情况更为重要，即是否方便执行、执行的效果是怎样的、如何改善执行的效果，这些问题都是十分重要的。我们的目标应该放在既降低融资成本又提高融资效率上，如果可以将这两方面的问题全部解决，那么高校的经费融资会得到更加广阔的发展。

高等教育经费短缺是全球所有高校都会面临的问题，差别在于，各高校由于所处国家的政策不同、政治环境不同、经济发展水平不同，有着不同的境遇，经费短缺问题也有不同的体现。随着我国进入经济增长动力多元化的新常态，我国教育部直属高校的经费融资结构、融资方式、办学规模及模式也将发生新一轮的调整和变化，传统的高等教育办学经费融资模式已然不能适应经济发展变化的需求。尽管国内外学者关于高校经费的融资研究

① 王战军，蓝文婷，布莱恩·麦考尔．美国一流高校经费收入特征及其对我国“双一流”建设的启示［J］．高等教育研究，2019，40（10）：96-102.

取得了阶段性成果，但教育部直属高校办学经费融资绩效评价方面的研究少之又少，而且欠缺定量化、理论化的全面分析，这也是高质量推进高校经费融资、提升高校办学质量的重中之重。为此，本书在结合国内外学者研究成果的基础上，立足人力资本理论、成本分担理论、融资优序理论、绩效管理理论等理论基础，对不同时期、不同区域的高校办学经费融资总量、结构、模式等进行比较分析，构建高校办学经费融资水平评价指标体系，对我国高校经费融资绩效的影响要素等进行综合研究，进一步提出适合我国国情的高校办学经费融资模式及其具体运作机制，进而提高高校经费融资绩效，提升办学质量。本书试图为高校经费融资提供一个合理的、有步骤的实践框架。

1.4 研究方法、技术路线与数据来源

1.4.1 研究方法

（1）文献分析法。通过梳理国内外有关高校办学经费融资的相关文献资料，形成本书研究的文献综述材料基础，并结合文献梳理为本书研究提供可行的方向和切入点。其主要应用在第 1 章导论、第 2 章相关概念界定及理论基础。

（2）定量分析法与定性分析法相结合。这一方法主要是通过数据图表分析来对某一现象进行分析阐述，主要应用于第 3 章、第 4 章有关高校办学经费融资总量、结构及模式的演进分析、空间比较等方面。

（3）熵值法、变异系数法及灰色关联度分析法。通过这些方法对全国及东部地区、中部地区、西部地区、东北地区高校办学经费融资水平进行综合评价，包括内源性融资水平、外源性融资水平以及综合融资水平。其应用于第 5 章高校办学经费融资水平的评价指标体系构建及评价。

（4）回归分析方法。这一方法分别从全国和地区（东部地区、中部地区、西部地区和东北地区）层面出发，对高校办学经费融资结构和融资绩效表现进行了回归分析，得出融资结构对高校融资绩效的客观影响，包括

影响方向及影响显著程度，进而分析造成这种影响的原因，从而促进高校办学经费融资渠道的选择及方案优化。其应用于第 6 章高校办学经费融资绩效的影响因素分析。

1.4.2 技术路线

本书的技术路线如图 1.1 所示。

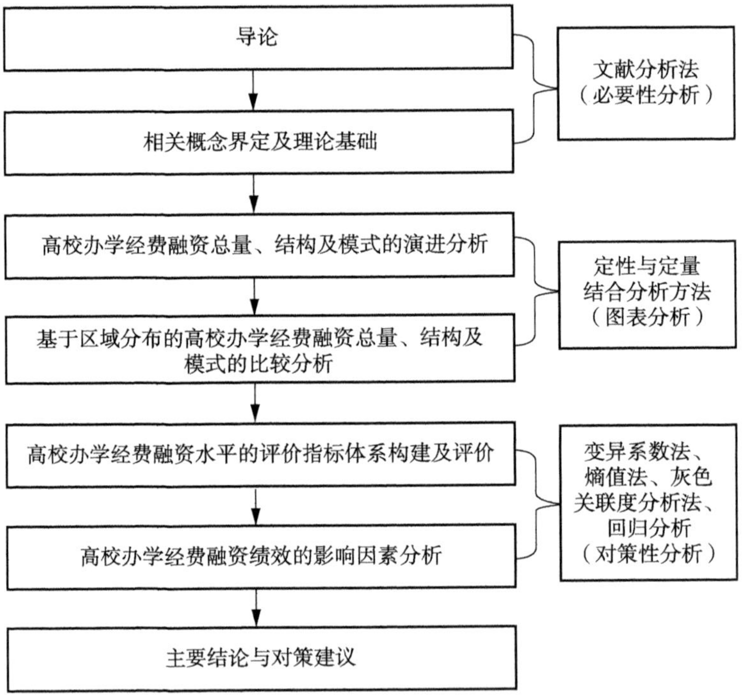

图 1.1　本书的技术路线

1.4.3 数据来源

本书所采用的数据来源于 1997—2018 年《教育经费统计年鉴》、《国家统计年鉴》、76 所教育部直属高校门户网站对外公开的 2014—2018 年决算数据、教育部门户网站资料整理等。

1.5 研究的内容与结构

本书的内容安排如下：

第1章，导论。本章主要对本书的研究背景，研究目的及意义，相关研究文献综述，研究方法、技术路线与数据来源，研究的内容与结构，创新和不足进行总体阐述，为本书谋篇布局，并提出研究方向和思路。

第2章，相关概念界定及理论基础。本章对教育部直属高校、融资、内源性融资、外源性融资等概念进行界定，并对人力资本理论、成本分担理论、融资优序理论、绩效管理理论等理论进行具体分析。

第3章，高校办学经费融资总量、结构及模式的演进分析。本章主要对高校办学经费融资总量、融资结构和融资模式的演进进行分析和研究，并指出我国高校办学经费融资的特点、融资的主要渠道及存在的问题。

第4章，基于区域分布的高校办学经费融资总量、结构及模式的比较分析。本章将我国高校划分为东部、中部、西部和东北四大板块，对四大板块的高校办学经费融资的总量、结构和模式进行了比较分析，并研究了差异性产生的原因。

第5章，高校办学经费融资水平的评价指标体系构建及评价。本章提出了高校办学经费融资水平评价指标体系构建的原则，并据此构建了评价指标体系；确定了评价对象及数据来源；对熵值法、变异系数法以及灰色关联度分析法等方法进行了比较和适应性选择。根据构建的评价指标体系，分别对全国及地区（东部地区、中部地区、西部地区、东北地区）高校融资水平进行了评价。

第6章，高校办学经费融资绩效的影响因素分析。本章根据第5章得出的结论，对高校办学经费融资结构和融资绩效表现进行了回归分析，分别从全国及地区（东部地区、中部地区、西部地区和东北地区）层面出发，得出融资结构对高校融资绩效的客观影响，包括影响方向及影响显著程度，进而分析造成这种影响的原因。

第7章，主要结论与对策建议。本章根据前文对我国高校办学经费融资的总量、结构及模式的演进分析，以及空间比较和研究及实证分析的研究结论，提出政策建议：从政府维度出发，探索加大高校财政拨款力度，改善拨款方式；从高校维度出发，拓宽办学经费融资渠道，完善内部配套机制；从社会维度出发，积极培养社会共同办教育的理念。

1.6 主要创新和不足

1.6.1 主要创新

本书的创新之处主要体现在以下方面：

第一，拓宽了高校融资的研究视角。在研究思路方面，本书突破已有研究的思维定式，拓宽研究视角，以76所教育部直属高校办学经费为样本，研究不同时期、不同区域高校的融资总量、结构和模式，进而从全国及地区（东部地区、中部地区、西部地区、东北地区）层面对高校融资绩效及影响因素展开实证剖析，判定出高校的经费融资能力及薄弱环节，为高校全方位提升自身的经费融资能力提供可行的思路，在研究思路上有所突破。

第二，丰富了高校融资的研究体系。在研究内容方面，从全国及地区（东部地区、中部地区、西部地区、东北地区）层面进行高校融资总量、结构及模式的比较分析，总结各地区高校融资总量、结构以及模式的差异性，全面分析和归纳总结我国高校经费融资的问题所在，进而提出适合我国国情的关于高校多元化经费融资方式的建议，丰富了高校融资相关研究内容，在内容上有所创新和突破。

第三，创新了高校融资的研究方法。在研究方法方面，已有研究多偏重于理论研究，对实证分析关注不够，缺少全面系统的研究论证。本书研究利用丰富、翔实的统计数据，采用定性与定量分析相结合方法、比较分析法等对四大板块地区高校融资总量、结构及模式等问题进行量化分析，归纳总结出高校经费融资的特征，构建高校办学经费融资水平评价指标体系；利用熵值法、变异系数法和灰色关联度分析法对全国、四大板块地区高校办学经费融资水平进行综合评价分析，包括内源性融资水平、外源性融资水平以及综合融资水平。基于此，运用回归分析方法，对高校经费融资结构和融资绩效进行分析论证，找出融资结构对高校融资绩效的客观影响及成因，为我国高校办学经费融资提供了切实可行的科学决策依据。因此，研究方法有所创新。

1.6.2 主要不足

高校这一研究主体由于多年来教育体制的变迁，存在很多历史遗留问题，本书也未能提出彻底解决这些问题的方案。高校近年来自身也在不断完善和发展，所以也需要给高校留下自我修复的时间。由于本人的研究范围和能力有限，所提出的观点可能存在不足。

本书研究的难点在于各原始数据的获得与统计。教育部直属高校经历了几次财务制度改革，财务制度内容发生了调整，造成不同时期部分收入科目名称和统计口径不一致。另外，本书的研究只能根据教育部相关规定，在信息公开的限度内获取高校财务管理相关数据，故实证结果可能不够深入和全面。

第 2 章　相关概念界定及理论基础

2.1　相关概念界定

2.1.1　教育部直属高校

教育部直属高校是指由中华人民共和国教育部直属管理的一批高等院校，是中央部门直属高等学校的重要组成部分。中华人民共和国教育部直接管理一批高等院校，目的是在探索改革上先走一步，在提高教学、科研和社会服务等方面发挥示范作用。经过全国高校管理体制的调整，一批实力较强、学科特色鲜明的高校均划归教育部直属管理，新中国成立以来国家历次所确定的全国重点大学多为教育部直属高校①。

截至 2019 年，我国教育部直属高校共计 76 所，包括：清华大学、北京大学、中国人民大学、北京科技大学、北京化工大学、北京中医药大学、北京师范大学、北京外国语大学、北京语言大学、中国石油大学（北京）、北京邮电大学、中国矿业大学（北京）、中国地质大学（北京）、中国农业大学、北京林业大学、中国传媒大学、中央财经大学、中国政法大学、中央音乐学院、中央美术学院、中央戏剧学院、北京交通大学、对外经济贸易大学、华北电力大学、南开大学、天津大学、华北电力大学（保

① https：//baike. sogou. com/v53171245. htm? fromTitle =% E6% 95% 99% E8% 82% B2% E9% 83%A8%E7%9B%B4%E5%B1%9E%E9%AB%98%E6%A0%A1.

定）、复旦大学、上海交通大学、同济大学、华东理工大学、东华大学、上海外国语大学、华东师范大学、上海财经大学、南京大学、东南大学、江南大学、中国矿业大学（徐州）、河海大学、南京农业大学、中国药科大学、浙江大学、厦门大学、山东大学、中国海洋大学、中国石油大学（华东）、中山大学、华南理工大学、合肥工业大学、武汉大学、华中科技大学、武汉理工大学、华中师范大学、中国地质大学（武汉）、华中农业大学、中南财经政法大学、湖南大学、中南大学、重庆大学、西南大学、四川大学、西南交通大学、西南财经大学、电子科技大学、西安交通大学、陕西师范大学、西北农林科技大学、西安电子科技大学、长安大学、兰州大学、大连理工大学、东北大学、吉林大学、东北师范大学、东北林业大学。本书中所提及的高校均指教育部直属高校。

2.1.2　融资

关于融资的概念界定，学者们有各自的观点和视角。《现代经济辞典》中对融资的定义是：资金的筹措活动①。《证券投资大辞典》中对融资的定义是：融通资金的简称②。杨建（2015）对融资做出如下解释：融资就是企业筹集资金的行为和过程，即经过科学的手段，通过采取一定的方式，使资金从有盈余、充足的部门流入资金不足或亏损的部门，或者将存在银行的资金用于投资，来保证企业生产经营活动顺利展开的一种理财行为活动③。贺慧（2015）认为，融资是指“通过借贷、租赁、集资等方式而使资金得以融合并流通”的过程④。迟永慧（2016）研究认为，融资就是资金的筹集，是一个企业或融资主体根据自身的生产经营状况或对未来发展

① 中国社会科学院经济研究所．现代经济辞典［M］．凤凰出版社，江苏人民出版社，2005.
② 韩双林，马秀岩．证券投资大辞典［M］．哈尔滨：黑龙江人民出版社，1993.
③ 杨建．我国高校融资渠道多元化研究［D］．石家庄铁道大学，2015.
④ 贺慧．我国高校多元化筹措经费问题探讨［J］．价值工程，2015，34（20）：237-238.

的预测，通过一定的科学的手段和方式向公司债权人或投资者筹集资金的过程[①]。刘明（2018）通过研究对融资做出如下定义：融资就是资金的筹集，即通过采用特定方法来获取所需资金的过程[②]。

本书认为，从狭义上看，融资指的是融资主体筹集资金的行为过程。从广义上看，融资就是货币资金的融通。对高校而言，融资实质上就是高校通过科学的融资方法向投资者、债权人或捐赠人等利益相关者筹集资金的过程，融资的主要目的是更好地满足教学与科研需求，解决向谁融资、何时融资、融资结构、融资绩效等问题，从而保障高校良好地运行，提升高校办学质量。

2.1.3 内源性融资

关于内源性融资，靳能泉[③]（2008）、毛国育[④]（2011）认为，高校内源性融资是指高校将其内部资金积累部分或固定资金存量等通过一定的方式转化成更多可运用的“活性”资金或资本的过程，其实质就是充分利用现有资源或资产，提高资产或资源使用效率，增加资金或资本来源总量。杜莉和宋兰旗（2012）认为，内源性融资是资金的需求者在自有组织范围内通过各种方式所进行的资金余缺的调剂[⑤]。金育先（2018）研究认为，内源性融资是组织内部的余缺调剂过程，是组织内部的融资渠道选择，在高校层面主要是指自身资本积累及各项收入[⑥]。本书认为，内源性融资是融资的重要方式，是融资主体通过一定方式将其内部资金积累部分或固定资金存量通过一定方式转化成可运用的“活性”资本的过程。对高校而

① 迟永慧．我国高等学校投融资改革研究［D］．对外经济贸易大学，2016.
② 刘明．中外合办大学融资的法律问题［D］．北京外国语大学，2018.
③ 靳能泉．高校的内源性融资［J］．经营与管理，2008（3）：77-79.
④ 毛国育．高校内源融资状况及展望分析［J］．教育财会研究，2011，22（3）：32-34.
⑤ 杜莉，宋兰旗．中国高校筹资制度创新研究［M］．北京：科学出版社，2012.
⑥ 金育先．中国高校融资渠道的选择与策略研究［D］．吉林大学，2018.

言，内源性融资是指高校通过科学合理的方式盘活内部资源或资产，提高资产或资源利用效率，增加资本积累和各项收入，形成更多可利用的“活性”资本的过程，是高校融资的重要渠道。具体而言，高校内源性融资渠道主要包括以下四种：

（1）事业收入，包括教育事业收入和科研事业收入。其中学费收入是教育事业收入的主要来源之一，有些高校的学费收入占比超过高校收入的1/3。学生每年都应及时缴纳学费，但是现今存在很多大学生拖欠学费的问题，甚至恶意拖欠的现象逐年增加，因此要进一步加强对高校学费收入的管理，促进教育事业的发展，为高校人才培养和科学研究能力的进一步提升提供资金支持。

（2）附属单位上缴收入，是指附属单位如附属中小学、附属医院等独立核算的附属单位按照与高校约定的比例上缴的各项收入。

（3）经营收入，即高校在教学科研领域展开的主营业务外，开展非独立核算经营活动取得的收入，如高校校办期刊论文发表的版面费等。

（4）利息收入，即银行存款产生的利息收入。

2.1.4　外源性融资

外源性融资是相对于内源性融资而言的。外源性融资的实质就是高校通过外部手段获取资金的方式，凡是不属于高校自身投入的资金都可以归为这一类。杜莉和宋兰旗（2012）认为，外源性融资应是以金融工具为媒介，以偿还和付息为条件①。金育先（2018）认为，外源性融资是高校的外部融资渠道，是资金需求方向外部寻求资金来源的一种融资方式②。本书对外源性融资的定义与上述学者基本相同，并将外源性融资渠道分为以下七种：

① 杜莉，宋兰旗．中国高校筹资制度创新研究［M］．北京：科学出版社，2012.

② 金育先．中国高校融资渠道的选择与策略研究［D］．吉林大学，2018.

（1）财政拨款。政府给高校的财政拨款属于高校筹措资金过程中的纵向项目，其中包括各项科学基金等。政府向高校拨款的具体数额是由国家决定的，是政府根据国家计委和教育部对教育事项的相关计划确定不同高校需要、按照不同的定额进行分配的。中央所属院校的经费由财政部拨款到相关的部委，之后再传达给各个院校，地方院校的经费就由地方财政根据中央下达的命令，结合实际情况进行发放。随着高等教育事业的不断发展，高校从政府获得拨款的模式和资金规模逐渐有所改变，主要采用以原本基数加上发展为基础的模式，即以高校当年的拨款额为基础，再加上当年的事业发展程度和学生人数、教师人数的变化来确定下一年的经费拨款额，之后国家又推出增加专项补助的拨款模式。目前使用因素法分配，使得高校的政府补助更加合理，同时激发了高校教学的积极性、主动性和对经费的责任感，从而使得高校的资金在使用时更具有效率，并且优化了高校的资源配置，促进了高校的可持续发展。

（2）社会捐赠收入。在高校发展过程中，社会捐赠收入也是高校办学发展的动力因素之一，社会对高校进行捐赠既是对高校的一种肯定，也是一种驱动高校继续发展的行为。根据实践经济理论，可以发现一切经济活动在不同的社会条件下发展是由于这些条件形成了实践的动力，因此在高校的融资过程中，要想提高社会捐赠收入，就必须在社会捐赠过程中增加动力，即提高其动力机制，建立合适的激励机制或者鼓励办法，进而形成高校捐赠的动力，增加社会捐赠收入。由资本转换理论可以了解到，社会捐赠可以使资本进行转换，之后使资本进行再生产。换言之，对高校进行社会捐赠可以实现捐赠者的资本转化问题并且可以继续再生产。比如，很多社会捐赠者对高校进行社会捐赠后，可能收获的是更多的社会职务或头衔，这就是资本进行转换后的再生资本。这一结果有助于促进社会对高校的捐赠。

（3）BOT 项目融资（Build-Operate-Transfer）。即“建设—经营—转

让”模式，在社会中，该种模式是指基础设施相关的建设、投资和经营，属于社会资本参与国家基础设施建设的一种方式。其在高校中产生的原因是高校现今发展资金缺口太大，仅靠政府拨款和贷款模式难以满足高校发展的需求，于是为解决高校发展的当务之急，引进了 BOT 模式。在高校中，该种模式是指高校通过对具有公益性的公共基础设施进行收费增加收入的方式。高校的发展总是依赖于外界，就存在非竞争的形式，难以激发高校对资金的来之不易的情感。将 BOT 模式引入高校融资渠道中，就是将市场竞争引入，进而激发高校的竞争力，提高投资收益。在高校发展中，BOT 模式从经济学角度可以分成两种，即纯公益性项目和纯收益性项目。前者通常包括一些教学、实验、科研等项目，收到的资金较少，因而属于公益类项目。后者是指盈利类的项目，包括校内超市、学校宾馆、学校食堂等产业，这些被归为附属补充性产业，营业对象包括校内、校外人员，并且采用市场机制，进而增加高校的收入。

（4）银行信贷。高校的办学经费融资渠道之一是通过银行进行借贷业务，这是随着现今高等教育的不断发展、高校规模不断扩大，为满足高校的建设和发展而衍生出的一种融资方式。这种融资方式解决了高校教育发展和教育需求的矛盾，可以及时地解决资金问题，但是与银行进行信贷合作，就意味着存在一定的风险。因此，与银行进行信贷合作首先应注重的就是风险问题，要减少内生融资风险、外生融资风险，初期会出现难以按期偿还本金和利息，进而造成科研、教学、人才方面的不良影响，后期便会转化为财政风险、投资浪费等现象。所以，高校可以采用银行信贷这种融资渠道，但是存在风险，必须加以提防，这样才能够保证资金充足，教学科研得以持续发展。

（5）融资租赁。随着公立学校的逐渐发展和壮大，融资租赁在高校经费筹措模式中逐渐成熟并广为接受。这种渠道解决了高校发展的资金问题，还取得了良好的成效。高校中的融资租赁指出租人根据承租人的要求，购买租赁物品，并将其提供给承租人的一种租赁模式，本质是将实物作为载体进行投资的融资方式，高校其实很适合这种方式，并且具备一定的可行性。例如，高校的实验室、科研器具、仪器设备等的购买都是需要很多资金的，在这种情况下通过融资租赁的方式进行购买和使用，不仅可以满足高校发展的需求，还可以缓解资金不足的问题，每年就可以投入得少一些，收益多一些，进而提高高校的收入，解决资金不足等问题。

（6）商业汇票。商业汇票是指由出票人签发的，在指定日期委托付款人无条件地为收款人、持票人提供确定的金额的票据。当高校在发展过程中出现资金不足这一现象时，可以通过商业汇票获得资金。对于高校来说，获得的商业汇票可以是商业承兑汇票，也可以是银行承兑汇票，主要区别在于承兑人的不同。高校发展所需要的商业汇票融资方式属于一种短期的融资方式，其优点是：灵活方便、不需要签订更多的合同条款；能加强信誉，汇票一般属于信誉标志的产物，高校在商业汇票上进行资金筹措和流通，还会提高学校的声誉和形象。但是，商业汇票也存在一定的局限性，其提供的信用是单方面的。总而言之，商业汇票是市场经济体制下高校融资的重要方式。

（7）控股公司。控股公司是指可以由学校创办或者是学校参与控股的企业，该类企业主要以盈利为目的，并且在业绩上会将全部或者部分利润给学校。控股公司的发展与高校的融资有关，因此控股公司在高校的发展中起着培养人才、实现科学技术成果转化的重要作用，并且为高校培养人才和高校科研提供了必要的物质基础和资金基础。因此，发展好控股公司对高校的发展有着很重要的支撑作用。

2.2 理论基础

2.2.1 人力资本理论

人力资本理论起源于学者们对经济学的研究。1776 年，《国富论》一书出版，该书的作者是著名经济学家亚当·斯密，他提出，固定资本不仅仅是机器设备、工具等有形资本，还包括社会成员通过付出时间、货币等和通过教育以及从事实际工作所获得的能力，这种能力虽不是与生俱来的本领，但被看作是固定在个人身上的。法国古典经济学家让·巴蒂斯特·萨伊在 1803 年出版的《政治经济学概论》一书中提出，在生产过程中，付出体力劳动的工人不是最重要的人才，有着特殊才能、掌握生产资料、洞悉市场需求的企业家才发挥着主要作用。德国古典学家冯·杜能在 1826 年出版的《孤立国同农业和国民经济的关系》一书中同样认为，人力资本是固定资本的极其重要的部分，但是，如果把“资本”这一概念运用到个人身上并不是对个人的不尊重，不仅如此，在战争中将这一概念运用到个人更是有益的。

德国经济学家弗里德里希·李斯特在《政治经济学的国民体系》一书中第一次使用“精神资本”，他强调人类社会发展过程中一切发现、创造和财富都源于人类的“精神资本”。“精神资本”这一概念在很大程度上与现代西方经济学当中“人力资本”概念相似。近代英国著名经济学家阿尔弗雷德·马歇尔认为教育是开发人类智力的关键，在教育上的投资是否有收益，不能直接看到，因为这种收益不会立刻显现，但这种投资会让劳动者得到参与劳动的机会，会让原本劳动力水平低下的人发挥他们潜在的才能。

到了 20 世纪初期，人力资本理论实现了进一步发展。在 1906 年出版的《资本的性质与收入》一书中，美国经济学家欧文·费雪第一次定义了“人力资本”这一概念，还把它运用于经济学的框架结构分析中。在 1924 年发表的《国民教育的经济意义》这篇文章中，第一次提出如何计算教育投资收益率，这是最早用数量计算的方法来分析教育投资的意义。美国经济学家加尔布雷斯在他 1958 年出版的著作《丰裕的社会》中阐述了受过教育的人是社会经济活动最主要的参与者，对人本身的投资的重要程度与对物质资本投资的重要程度相当，对教育的投资能够直接提高生产力水平。在没有对教育投资的情况下，对物质资本投资也会带来生产力水平的提高，但是这种提高是有限度的。

现代意义上的人力资本理论的研究起源于20世纪50年代，众多经济学家主要研究了劳动力市场、工资和人力资本之间的关系问题。1956年，《对经济增长理论的贡献》一文发表，其作者是经济学家索罗，在这之后，经济学家们对研究增长理论表现出很高的热情。之后，在1965年发表的*Optimum Technical Change in an Aggregative Model of Economic Growth*一文中，日裔教授乌扎华对这一模型进行修改，并且引入了“生产部门”这个要素。1986年，保罗·罗默在他发表的论文《收益递增经济增长模型》中提出了一个全新的模型——罗默模型，这个模型对经济增长理论的发展起到了极大的推进作用，主要用于解释是什么原因导致了各国经济发展的差距，并提出自己的见解。1995年，诺贝尔经济学奖获得者罗伯特·卢卡斯从另一个层面对经济增长的内在因素做出了解答。他还以阿罗“干中学”的模型为理论基础，率先建立了资本积累模型，强调了外部溢出效应对人力资本积累的作用①。著名经济学家斯科特提出的“资本投资决定技术进步”模型与罗默、卢卡斯的增长模型并不一样，其进步性主要体现在强调技术进步的作用是与投资分不开的。

人力资本理论的提出和形成对高校融资具有一定支持作用。高校办学的目的在于培养现代经济发展需要的各种人才，提高人力资本，提高劳动生产率，进一步促进社会经济发展。加强教育投资对提升高校融资体量、提升办学质量、提高人力资本具有重要作用。从这个角度来看，人力资本理论适用于高校融资办学，对本书研究具有积极的理论指导意义。

---

① 王明杰，郑一山．西方人力资本理论研究综述［J］．中国行政管理，2006（8）：92-95.

2.2.2 成本分担理论

成本分担理论，即关于高等教育成本分担的理论。随着人力资本理论的形成，经济学家认识到对教育投资的重要性，将“教育成本”概念纳入教育经济学的研究当中。在市场经济社会中，成本是指为获取某种商品或服务所需要支出的货币数量。从这一概念出发，狭义的高等教育成本是政府和学校为提供教育、受教育者为接受教育所需要消耗的货币数量；广义的高等教育成本是除货币支出之外，政府和学校为提供教育、受教育者为接受教育所投入的一切形式的机会成本。

1986年，著名高等教育财政专家布鲁斯·约翰斯通第一次提出了“高等教育成本分担”这一名词。他认为，既然高等教育主要的经费来自学生、家长、捐助者和政府①，那么可以认为高等教育成本分担主要是指教育的成本应由许多机构、个人或政府来分别承担，最后构成总的成本②。但是，具体由哪一部分人承担哪一部分成本，到底承担多少成本，都需要进一步核算。

高等教育成本分担的理论依据主要包括以下三个：

（1）教育投资—个人收益论。该理论认为，高等教育运行的主要原则是“谁受教育谁支付，多受教育多支付”。大多数受教育者及其家庭投资高等教育的目的是开发受教育者智力，增加其身上的人力资本，提高个人劳动力价值，从而在社会中获取从事劳动的机会，并获得未受过高等教育之前无法达到的精神收入、社会地位以及货币收入。因此，在这样的观点下，受教育者及其家庭应该负担个人部分高等教育成本。

（2）公共产品理论。美国著名经济学家萨缪尔森在1954年提出这一

---

① D. 布鲁斯·约翰斯通，李红桃，沈红．高等教育成本分担中的财政与政治［J］．比较教育研究，2002，23（1）：26-30.

② 徐美娜．高等教育成本分担理论中国化研究［J］．高等财经教育研究，2010，13（2）：20-24.

理论，认为根据产品的属性以及产品是否具有排他性和竞争性这一特性可将社会中的产品分为准社会产品、纯社会产品和私人产品。公共产品兼具非排他性和非竞争性，主要是指通过消费就可以获得该种产品或服务的部分消费权，同时不影响他人的消费和使用。非排他性主要是指某种公共的产品一旦面向社会，任何合法消费者都有权通过消费占据这种公共产品的部分使用权。对公共产品提供者而言，其他人对该产品的消费权及使用权是无法避免的，其原因是技术上的不可行或避免其他人消费这一目的会带来极其昂贵的成本从而导致的低可行性。非竞争性的定义主要基于边际效用价值理论，主要是指在特定的产品供给水平下，每增加一个消费者，增加的供给成本为零；公共产品给每个消费者所带来的收益是无差别的，任何人对公共产品的消费对其他人而言是没有影响的。私人物品是显著存在排他性和竞争性的产品，如私人衣物等。因此，高等教育的成本不应完全由政府来负担，毕竟政府是提供高等教育的主要负责人，当它提供了一个提升个人水平的平台时，更多的人应参与进来进行教育成本的分担，这样才能促进其健康长久发展。

（3）市场效率论。高等教育的成本由小部分人分担，但是受益者却有更多的人。高等院校为得到优质生源而进行竞争，受教育者为得到优质教育而进行竞争。这样，高校才有可能发展得更好，不管是在师资力量、教学设备上还是在先进理念和人才的培养上，都可以更好地贡献自己的力量，多为社会做出杰出的贡献①。

高校办学的受益者包括国家、社会、学生以及高校自身，获得的利益越高，支付的相应费用也越高，所以，高校教育成本应该由不同的受益者来承担，而且高校办学经费融资是多元化的，各个投资主体为了从高校教育中获得更多收益必然会承担更多的教育成本，进而为高校办学提供更多

---

① D. 布鲁斯·约翰斯通，李红桃，沈红. 高等教育成本分担中的财政与政治［J］. 比较教育研究，2002，23（1）：26-30.

的资金支持。从这个角度来看，成本分担理论对于本书研究具有一定适用性。

2.2.3 融资优序理论

1977年，Ross率先将信息不对称问题引入了资本结构的研究中。20世纪80年代，Myers基于信息不对称问题研究了公司为新的项目融资时的财务决策，提出了资本结构的“啄食”次序理论，简称“POT理论”，也可称为“融资优序理论”①。该理论的核心观点是：当某公司为一个具有收益性质的项目融资时，其考虑的三种融资渠道分别为内源性融资、债权融资和股权融资，其中债权融资和股权融资都属于外源性融资。即当公司需要融资时，它们的融资顺序是先选择“内源性融资”后选择“外源性融资”、先选择“债务融资”再选择“股权融资”。

出现这样的融资次序，原因在于融资过程中信息的不对称。在信息不对称的条件下，与企业经营者相比，投资者拥有较少的关于企业资产价值的信息，因此企业股票的市场价格会偏离其实际价值。倘若企业为了项目采取股票融资的方式，一旦股票价值被低估，就会损害老股东的利益，此时采用债务融资就可以有效地避免出现新老股东利益不均衡的现象。在这种情况下，企业偏向选择内源性融资或债务融资，由此产生了内源性融资、债务融资和股权融资的融资次序。

依据融资理论框架可知，高校在面临经费紧张的局面之下，应积极广开经费来源渠道，寻求多元融资方式筹集办学经费，以满足高等教育发展对资金的巨大需求，实现高等教育的健康可持续发展。虽然作为高等教育经费融资主体的高校不同于在市场经济体制下成长起来的诸多企业，但是借鉴企业融资经验来发展高校融资事业也未尝不是可取之道，在一定程度

---

① 况学文，刘晨华．西方资本结构理论的新发展：一个理论综述［J］．财会通讯，2005（1）：10-14.

上对本书研究具有理论指导意义。

2.2.4 绩效管理理论

绩效管理由绩效评估演变而来。在中国古代，最早的绩效评估始于3世纪。在西方国家，其则始于19世纪初。在1813年，美国也开始采用绩效评估，并且将其用于军队管理，这大大提高了军队管理的效率。

伴随着经济的快速发展，管理者、企业家和研究人员发现，随着公司的不断发展和壮大，很多环节和过程变得非常复杂，使得绩效评估耗费了大量的人力、财力、物力，故需要一种更加完善的管理体系。于是，经过对绩效评估的改进及发展，绩效管理逐步形成了。1992年，Spangengerg发现绩效评估作为帮助管理者管理的工具，有时会因为一些特殊因素与企业的目标、发展方向和文化相悖。同时，可能因为传统的绩效评估对帮助员工提高工作热情和绩效的作用十分有限，对管理者而言，其帮助管理没有达到理想的效果，所以绩效管理得到了进一步的发展与应用。2000年，Pamenter和Fred认识到，绩效评估的目的不应该停留在单纯地对雇员进行评估及管理上，而应该使雇员能够得到发展。他认为传统的绩效评估中存在严重的缺陷，这样的缺陷会导致评估不准确，甚至与现实差距很大。首先，对雇员进行绩效评估的是管理者，管理者存在主观性，导致绩效评估的公正程度较低；其次，很多管理者担心雇员对自己的看法，无法做到公正评估，这就导致其对员工进行绩效评估时给予的分数很高，但私下里却想解雇他们，这与马斯洛的需要层次理论刚好相悖①。所以Pamenter和Fred认为，绩效评估的重心应该放在员工自我发展上而不是“评估”两个字上，应该以员工及公司的发展为重心，开展的所有活动也要根据发展确定。

---

① 王淑红，龙立荣．绩效管理综述［J］．管理评论，2002（9）：40-44.

2001年，Fandray和Dayton认为，从种种原因来看，绩效评估的确具有局限性，所以他们率先提出了使用绩效管理系统。不久之后，Tom Coen和Mary Jenkins通过实例研究证明了在废除绩效评估，使用系统来管理绩效后公司效率的提升。这四位学者都是绩效管理系统的倡导人，促进了绩效管理系统的研究和发展。Nickols提出了如下的绩效评估原则：①在工作过程中，要首先制订发展计划，明确工作的目标，并且这个明确的目标需要被管理者和员工两方所认同；②评价员工是否成功完成任务的尺度一定要清晰；③目标本身不是一成不变的，会随着经济发展和公司现状而改变；④员工应该认清自己和管理者的关系，为了公司的长远发展，其关系应该认定为领导者与被领导者，从而帮助员工完成目标，实现自我价值。Tom Coen和Mary Jenkins提出，任何管理的过程都是公司的文化的变革，绩效评估也一样会引领新的文化氛围和员工领导的相处模式。这是一个十分重要的变革点，所以要提高对绩效管理的认识①。

所谓的公司绩效应包含两个方面：一是整体组织的绩效；二是个体员工的绩效。对于绩效概念的研究，主要有两种观点：一种认为绩效是达成目标后的结果；另一种则认为个人行为是绩效最直接的体现。在充分的文献研究的基础上，Bernardin重新提出了“绩效”这一概念，即特定人员在特定时间所付出的具有经济价值的劳动总和，但这种经济价值有可能是正向的，也有可能是反向的。这种说法饱受质疑，学者们的质疑主要包括以下三点：①员工没有完成特定目标，并不一定是由他自己的行为造成的；②很多职业无法用工作产生的结果来作为衡量绩效的指标；③一味地追求结果，会引发员工之间的不正当竞争。

Rogers和Bredrup认为，绩效管理的定位就是管理组织绩效的过程，并且后者在1995年提出这一过程具体可分为三个部分：计划、改进和考

---

① 王淑红，龙立荣．绩效管理综述［J］．管理评论，2002（9）：40-44.

察。1994 年，Costello 提出绩效管理是将每个雇员与管理者紧密结合在一起，使整个组织发挥更强大的力量，从而支持整个公司向公司整体目标前进。1995 年，Walters 提出绩效管理就是管理者对雇员的一种激励方式，通过对雇员进行指导和帮助，使他们对工作有更高热情、更高效率，从而获得更大的成果。

高校办学经费融资绩效的优劣关系到高校办学质量的高低，高校办学融资绩效水平越高，高校融资的效果越好，越有助于提升高校办学质量；反之，高校融资绩效水平越低，则越不利于高校办学质量的提升。因此，高校融资需要进行绩效管理评估，明确办学融资经费的管理应用，合理调整融资结构，最大限度地提升高校办学经费融资绩效。所以，绩效管理理论在一定程度上对本书研究具有理论指导意义。

第3章　高校办学经费融资总量、结构及模式的演进分析

高校办学经费融资经历了长期的历史演变，其融资总量、结构及模式等不断演进。进一步优化高校办学经费融资结构，创新高校办学经费融资方式，提升高校办学质量，可以吸引更多的生源、科研经费、校企合作经费等。从图 3.1 中可以看出，2018 年高校办学经费融资总量达到了 2913.70 亿元，较 2017 年增加了 238.39 亿元，增长了 8.91%，与 1996 年

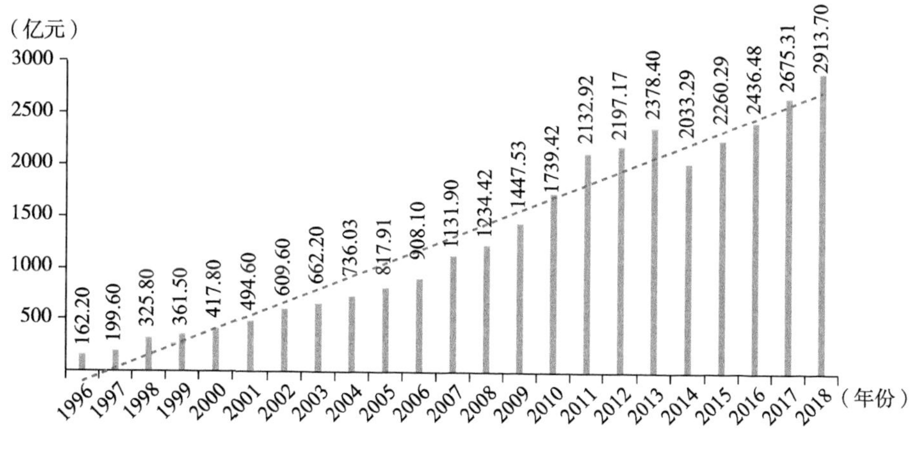

图 3.1　1996—2018 年高校经费融资情况

数据来源：依据 1996—2018 年《教育经费统计年鉴》及 76 所教育部直属高校门户网站对外公开的 2014—2018 年决算数据整理所得。

相比增加了2751.50亿元，是1996年办学经费融资总量的17.96倍。办学经费融资总量的不断增加，为高校加快推进建设高水平大学提供了有力支撑。以下将从高校办学经费融资的总量演进、结构演进、模式演进等方面对其办学经费融资的现状进行具体分析，并对高校办学经费融资的特点、主要融资渠道和存在的问题进行阐述。

3.1 高校办学经费融资总量、结构及模式的演进

2000年前后，中国高校掀起了一股合并热潮，改变了中国高校的格局，也改变了很多高校之间的实力对比，因而，本书将2000年以前界定为高校的建设期。以2009年为拐点，2001—2008年高校的办学经费融资总量的增长较为平稳，2009—2013年高校的办学经费融资总量呈现较快递增趋势，故本书把2001—2008年界定为高校的成长期，2009—2013年界定为高校的发展期。2014年以后高校走的是以质量提升为核心的内涵式发展道路，办学经费融资更加注重可持续发展，注重融资质量和效益。同时，2014年我国实行高等教育会计制度改革，部分收入科目名称及核算口径较以往年度有所变化，且教育部统一规定了信息公开的内容。因而，本书将2014年至今界定为高校的可持续发展期。

3.1.1 高校经费融资总量的演进

3.1.1.1 高校建设期的经费融资总量

2000年以前为高校的建设期，这一时期高校的办学规模和办学质量以及发展情况取决于其办学经费的融资，只有通过有效的、科学合理的经费融资，提高教育办学经费收入，才能更好地推进高校的办学，支持高校的人才培养等教学活动和各个科研单位院所的科研活动、基础设施建设以及其他方面的活动。而在高校的建设期，其经费融资总量也不断增加，呈现递增的趋势，为高校的发展提供了有力的资金支持。以下以

1996—2001 年的数据为代表，分析高校建设期的经费融资总量情况。从绝对数情况来看，从 1997 年到 2000 年，高校的办学经费融资总量不断增加。1997 年，高校办学经费融资总量达到 199.60 亿元，与 1996 年的 162.20 亿元相比，办学经费融资总量增加了 23.06%。1998 年高校办学经费融资总量为 325.80 亿元，同比增长 63.23%。1999 年高校办学经费融资总量为 361.50 亿元，较 1998 年增加 10.96%。2000 年高校办学经费融资总量为 417.80 亿元，同比增长 15.57%。从 1997 年到 2000 年，高校的办学经费融资总量不断增加，年平均增长率达到了 28.21%，而且 2000 年的高校办学经费融资总量比 1996 年增加了 255.60 亿元，增长了 157.58%。

从相对数情况来看，1997 年高校的办学经费融资总量是 1996 年的 1.23 倍，1998 年高校的办学经费融资总量是 1997 年的 1.63 倍，1999 年高校办学经费融资总量是 1998 年的 1.11 倍，2000 年高校办学经费融资总量是 1999 年的 1.16 倍，是 1996 年的 2.58 倍（见表 3.1）。

表 3.1　1997—2000 年高校办学经费融资总量与增速情况

年份	教育经费（亿元）	相比上年的增长率（%）	与上年的比值（倍）
1997	199.60	23.06	1.23
1998	325.80	63.23	1.63
1999	361.50	10.96	1.11
2000	417.80	15.57	1.16

数据来源：依据 1998—2001 年《中国教育经费统计年鉴》整理所得。

从这两方面可以看出，2000 年之前高校的办学经费融资总量是不断增加的，为高校在其建设期的人才培养、科研和基础设施建设等发挥了重要作用。

3.1.1.2　高校成长期的经费融资总量

2001—2008 年是高校的成长期，其办学经费的融资总量呈现平稳增加的趋势。对于成长期的高校来说，这种平稳增加的态势有力地支持了高校的办学，加快了各种基础设施建设和教学、科研设备配置，推进了高校的科研活动，为提高高校办学质量、提升高校整体水平等起到了重要的助推作用。

2001—2008 年，高校的办学经费融资总量进一步增长，与高校建设期相比，成长期的办学经费融资在总量上有较大提升，结构也得到较大优化。从 2001—2008 年高校办学经费融资总量的绝对数情况来看，2001 年高校的办学经费融资总量达到了 494.60 亿元，与 2000 年相比，办学经费融资总量增加了 76.80 亿元，同比增加了 18.38%。2002 年高校的办学经费融资总量为 609.60 亿元，与 2001 年相比增加了 115 亿元，增长率达到了 23.25%。2003 年高校办学经费融资总量达到了 662.20 亿元，与 2002 年相比，办学经费融资总量增加了 52.6 亿元，增长了 8.63%。2004 年高校办学经费融资总量达到了 736.03 亿元，与 2003 年相比，办学经费融资总量增加了 73.83 亿元，增长了 11.14%。2005 年高校办学经费融资总量达到了 817.91 亿元，比 2004 年增加了 81.88 亿元，同比增长了 11.13%。2006 年高校办学经费融资总量达到了 908.10 亿元，与 2005 年相比，高校的办学经费融资总量增加了 90.19 亿元，同比增长了 11.03%。2007 年高校办学经费融资总量达到了 1131.90 亿元，与 2006 年相比，办学经费融资总量增加了 223.80 亿元，同比增长了 24.64%。2008 年高校办学经费融资总量为 1234.42 亿元，与 2007 年相比，高校办学经费融资总量增加了 102.52 亿元，同比增长了 9.06%。

2008 年与 2001 年相比，高校办学经费融资总量增加了 739.82 亿元，增长了 150%，年平均增长率达到了 14.66%。可见，2001—2008 年，高校的办学经费融资总量呈现平缓递增的趋势。

从 2001—2008 年高校办学经费融资总量的相对数情况来看，2001 年教育直属高校办学经费融资总量是 2000 年的 1.18 倍，2002 年高校办学经费融资总量是 2001 年的 1.23 倍，2003 年高校办学经费融资总量是 2002 年的 1.09 倍，2004 年高校办学经费融资总量是 2003 年的 1.11 倍，2005 年高校办学经费融资总量是 2004 年的 1.11 倍，2006 年高校办学经费融资总量是 2005 年的 1.11 倍，2007 年高校办学经费融资总量是 2006 年的 1.25 倍，2008 年高校办学经费融资总量是 2007 年的 1.09 倍，是 2001 年的 2.50 倍（见表 3.2）。

表 3.2　2001—2008 年高校办学经费融资总量与增速情况

年份	教育经费（亿元）	相比上年的增长率（%）	与上年的比值（倍）
2001	494.60	18.38	1.18
2002	609.60	23.25	1.23
2003	662.20	8.63	1.09
2004	736.03	11.14	1.11
2005	817.91	11.13	1.11
2006	908.10	11.03	1.11
2007	1131.90	24.64	1.25
2008	1234.42	9.06	1.09

数据来源：依据 2002—2009 年《中国教育经费统计年鉴》整理所得。

上述两方面体现出，2001—2008 年高校的办学经费融资总量呈现平稳递增的趋势，无论是从绝对数还是相对数情况来看，在成长期，高校的办学经费融资总量不断增加，为建设更高质量、更高水平的高校打下了坚实的基础，提供了有力的经济支持。

3.1.1.3　高校发展期的经费融资总量

2009—2013 年是高校的发展期。这期间高校办学经费融资为其更快更好地发展，以及稳妥推进“985 工程”“211 工程”大学建设提供了资金支持，起到了重要的作用。发展期的经费融资在总量上的提升，有力地推进了高校在科研工作、教学活动等方面的高水平发展，支持了高校办学质量的提升，提高了高校发展效率，对高校办学产生了更加积极的支撑和推动作用。经费融资总量的逐步提升，夯实了高校办学的基础条件。

从总体上看，高校发展期的经费融资总量呈现出比较明显的递增态势，与建设期和成长期的经费融资总量相比，其体量更为庞大。以2009年为拐点，2009—2013年，高校的办学经费融资总量呈现较快递增趋势，而2009年之前的办学经费融资总量的增速较为平稳。因而，本书把2009年作为高校发展期的拐点。

从2009—2013年高校办学经费融资总量的绝对数情况来看，2009年高校办学经费融资总量达到了1447.53亿元，较2008年增加了213.11亿元，同比增长了17.26%。2010年高校办学经费融资总量为1739.42亿元，与2009年相比，高校办学经费融资总量增加了291.89亿元，同比增长了20.16%。2011年高校办学经费融资总量达到了2132.92亿元，与2010年相比较，高校办学经费融资总量增加了393.50亿元，增长了22.62%。2012年高校办学经费融资总量为2197.17亿元，与2011年相比增加了64.25亿元，增长了3.01%。2013年高校办学经费融资总量达到了2378.40亿元，与2012年相比，办学经费融资总量增加了181.23亿元，同比增长了8.25%。2009—2013年，高校办学经费融资总量的年平均增长率为14.26%，最高增长率达到了22.62%，从总量的绝对数来看，高校成长期办学经费融资总量呈现较快递增的趋势。

从2009—2013年高校办学经费融资总量的相对数情况来看，2009年高校办学经费融资总量是2008年的1.17倍，2010年高校办学经费融资总量是2009年的1.20倍，2011年高校办学经费融资总量是2010年的1.23倍，2012年高校办学经费融资总量是2011年的1.03倍，2013年高校办学经费融资总量是2012年的1.08倍（见表3.3）。

表 3.3　2009—2013 年高校办学经费融资总量与增速情况

年份	教育经费（亿元）	比上年的增长率（%）	与上年的比值（倍）
2009	1447.53	17.26	1.17
2010	1739.42	20.16	1.20
2011	2132.92	22.62	1.23
2012	2197.17	3.01	1.03
2013	2378.40	8.25	1.08

数据来源：依据 2010—2014 年《中国教育经费统计年鉴》整理所得。

从上述数据中我们可以直观地看出，2009—2013 年，高校办学经费融资总量是递增的，且增长较快。

3.1.1.4　高校可持续发展期的经费融资总量

2014 年至今是高校的可持续发展期。这期间高校走以质量提升为核心的内涵式发展道路，办学经费融资更加注重可持续发展，注重办学经费融资质量和效益，办学经费融资总量也不断提升，为进一步推进高校办学经费融资发挥了关键作用。

本书截取 2015—2018 年数据进行分析（见表 3.4）。从 2015—2018 年高校办学经费融资总量的绝对数情况来看，2015 年高校办学经费融资总量为 2260.29 亿元，与 2014 年相比，增加了 227 亿元，增长了 11.16%；2016 年高校办学经费融资总量为 2436.48 亿元，较 2015 年增加了 176.19 亿元，增长了 7.79%；2017 年高校办学经费融资总量为 2675.31 亿元，较 2016 年增加了 238.83 亿元，增幅达到 9.80%；2018 年高校办学经费融资总量为 2913.70 亿元，与 2017 年相比增加了 238.39 亿元，增长了 8.91%。2015—2018 年高校办学经费融资总量的年平均增长率为 9.42%，这也说明 2015—2018 年我国高校办学经费融资总量的绝对数是持续增加的，有利于为持续推进高校办学经费融资、提升高校办学质量提供积极助力。

从2015—2018年高校办学经费融资总量的相对数情况来看，2015年高校办学经费融资总量是2014年的1.11倍，2016年高校办学经费融资总量是2015年的1.08倍，2017年高校办学经费融资总量是2016年的1.10倍，2018年高校办学经费融资总量是2017年的1.09倍。

表3.4　2015—2018年高校办学经费融资情况

年份	办学经费（亿元）	增加值（亿元）	相比上年的增长率（%）	与上年的比值（倍）
2015	2260.29	227.00	11.16	1.11
2016	2436.48	176.19	7.79	1.08
2017	2675.31	238.83	9.80	1.10
2018	2913.70	238.39	8.91	1.09

数据来源：依据76所教育部直属高校门户网站对外公开的2015—2018年决算数据整理所得。

从上述数据中我们可以直观地看出，2015年至今，高校办学经费融资总量是持续增加的，且呈稳中有进趋势。

3.1.2　高校经费融资结构的演进

3.1.2.1　高校建设期的经费融资结构

高校在建设期办学经费融资总量不断增加，对高校办学质量的提升以及高校建设起到了重要作用。在办学经费融资中，主要经费构成情况也比较清晰，包括财政拨款、校办产业收入、社会捐赠收入、学费收入等，这些是主要经费融资渠道。截至2000年，高校建设期的办学经费融资的结构不断演变。下文以1996—2000年的数据为代表，分析高校建设期的经费融资结构。

数据显示，1996年高校的办学经费融资额达到了162.20亿元，其中：财政拨款为109.34亿元、校办产业收入用于办学的经费为19.34亿元、社会捐赠收入为3.64亿元、学费收入为18.10亿元，分别占高校办学经费融资总量的67.41%、11.92%、2.24%和11.16%；1997年高校办学经费融资额为199.6亿元，其中：财政拨款为126亿元、校办产业收入用于办学的经费为25.12亿元、社会捐赠收入为5.45亿元、学费收入为26.3亿元，分别占高校办学经费融资总量的63.13%、12.59%、2.73%、13.18%；1998年高校办学经费融资总量为325.8亿元，其中：财政拨款为150.4亿元、校办产业收入用于办学的经费为7.99亿元、社会捐赠收入为7.97亿元、学费收入为33.93亿元，分别占高校办学经费融资总量的46.16%、2.45%、2.45%和10.41%；1999年高校办学经费融资额为361.50亿元，其中：财政拨款为169.80亿元、校办产业收入用于办学的经费为8.53亿元、社会捐赠收入为10.91亿元、学费收入为40亿元，分别占高校办学经费融资总量的46.97%、2.36%、3.02%和11.07%；2000年高校办学经费融资总量为417.8亿元，其中：财政拨款为201.98亿元、校办产业收入用于办学的经费为10.3亿元、社会捐赠收入为10.69亿元、学费收入为50.20亿元，分别占高校办学经费融资总量的48.34%、2.47%、2.56%和12.02%（见图3.2）。

由以上数据我们可以发现，1996—2000年，高校办学经费融资总量在不断增加，而主要的经费融资来源构成也有所变化。2000年，高校办学经费融资总量中财政拨款的比重为48.34%，与1999年相比，提高了1.37个百分点，与1996年相比下降了19.07个百分点。校办产业收入用于办学的经费比重由1996年的11.92%下降到了2000年的2.47%，下降了9.45个百分点。社会捐赠收入比重由1996年的2.24%增加到2000年的2.56%，提高了0.32个百分点。学费收入占比由1996年的11.16%增加到2000年的12.02%，提高了0.86个百分点。

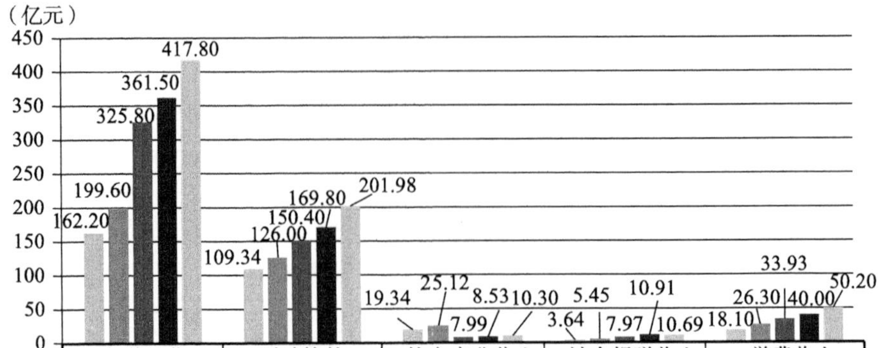

	办学经费	财政拨款	校办产业收入	社会捐赠收入	学费收入
1996年	162.20	109.34	19.34	3.64	18.10
1997年	199.60	126.00	25.12	5.45	26.30
1998年	325.80	150.40	7.99	7.97	33.93
1999年	361.50	169.80	8.53	10.91	40.00
2000年	417.80	201.98	10.3	10.69	50.20

图 3.2　1996—2000 年高校办学经费融资的主要来源

数据来源：依据 1997—2001 年《中国教育经费统计年鉴》整理所得。

3.1.2.2　高校成长期的经费融资结构

本书用 2001—2008 年这一时间段的数据，分析高校成长期的经费融资结构。从图 3.3 和图 3.4 中可以直观地看出，2001 年高校办学经费融资总量为 494.60 亿元，其中：财政拨款为 242.40 亿元、校办产业收入用于办学的经费为 8.95 亿元、社会捐赠收入为 11.20 亿元、学费收入为 66.40 亿元，财政拨款、校办产业收入、社会捐赠收入、学费收入在办学经费融资总量中的占比分别为 49.01%、1.81%、2.26%、13.42%；2002 年高校办学经费融资总量为 609.60 亿元，其中：财政拨款为 291.10 亿元、校办产业收入用于办学的经费为 8.83 亿元、社会捐赠收入为 20.45 亿元、学费收入为 84.31 亿元，财政拨款、校办产业收入、社会捐赠收入、学费收入在办学经费融资总量中的占比分别为 47.75%、1.45%、3.35%、13.83%；2003 年高校办学经费融资总量为 662.20 亿元，其中：财政拨款为 313.10 亿元、校办产业收入用于办学的经费为 9.97 亿元、社会捐赠收入为 14.96

亿元、学费收入为109.10亿元，财政拨款、校办产业收入、社会捐赠收入、学费收入在办学经费融资总量中的占比分别为47.28%、1.51%、2.26%、16.48%；2004年高校办学经费融资总量为736.03亿元，其中：财政拨款为337.20亿元、校办产业等用于办学的经费为9.20亿元、社会捐赠收入为12.12亿元、学费收入为141.01亿元，财政拨款、校办产业收入、社会捐赠收入、学费收入在办学经费融资总量中的占比分别为45.81%、1.25%、1.65%、19.16%；2005年高校办学经费融资总量为817.91亿元，其中：财政拨款为366.1亿元、校办产业收入用于办学的经费为10.30亿元、社会捐赠收入为10.82亿元、学费收入为172.50亿元，财政拨款、校办产业收入、社会捐赠收入、学费收入在办学经费融资总量中的占比分别为44.76%、1.25%、1.32%、21.09%；2006年高校办学经费融资总量为908.1亿元，其中：财政拨款为434.8亿元、校办产业收入用于办学的经费为8.83亿元、社会捐赠收入为11.3亿元、学费收入为180.8亿元，财政拨款、校办产业收入、社会捐赠收入、学费收入在办学经费融资总量中的占比分别为47.88%、0.97%、1.24%、19.91%；2007年高校办学经费融资总量为1131.90亿元，其中：财政拨款为597.90亿元、校办产业收入用于办学的经费为13.71亿元、社会捐赠收入为13.76亿元、学费收入为211.50亿元，财政拨款、校办产业收入、社会捐赠收入、学费收入在办学经费融资总量中的占比分别为52.82%、1.21%、1.22%、18.69%；2008年高校办学经费融资总量为1234.42亿元，其中：财政拨款为703.1亿元、校办产业收入用于办学的经费为8.66亿元、社会捐赠收入为13.4亿元、学费收入为220.83亿元，财政拨款、校办产业收入、社会捐赠收入、学费收入在办学经费融资总量中的占比分别为56.96%、0.70%、1.09%、17.89%。这些数据也直观地反映了高校在成长期的办学经费融资结构的阶段性变化情况。

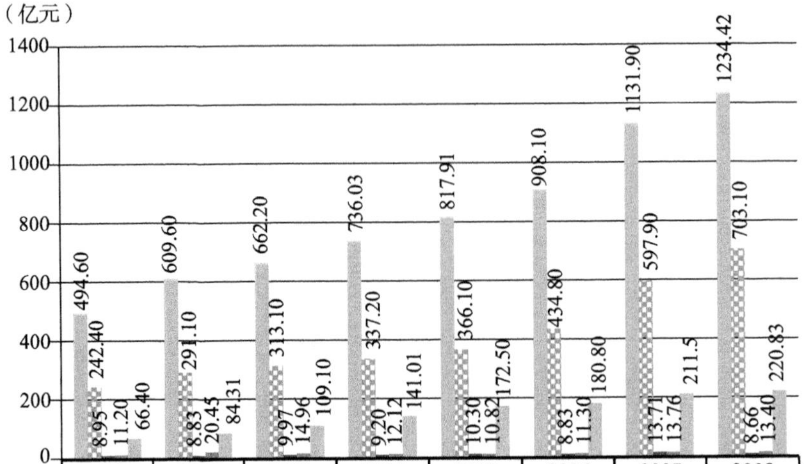

	2001	2002	2003	2004	2005	2006	2007	2008
学费收入	66.40	84.31	109.10	141.01	172.50	180.80	211.5	220.83
社会捐赠	11.20	20.45	14.96	12.12	10.82	11.30	13.76	13.40
校办产业	8.95	8.83	9.97	9.20	10.30	8.83	13.71	8.66
财政拨款	242.40	291.10	313.10	337.20	366.10	434.80	597.90	703.10
办学经费	494.60	609.60	662.20	736.03	817.91	908.10	1131.90	1234.42

（年份）

图 3.3　2001—2008 年高校办学经费融资的主要来源

数据来源：依据 2002—2009 年《中国教育经费统计年鉴》整理所得。

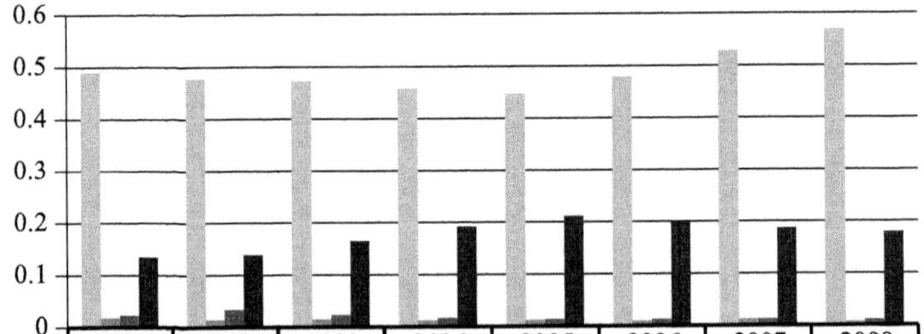

	2001	2002	2003	2004	2005	2006	2007	2008
财政拨款比重	0.4901	0.4775	0.4728	0.4581	0.4476	0.4788	0.5282	0.5696
校办产业比重	0.0181	0.0145	0.0151	0.0125	0.0125	0.0097	0.0121	0.0070
社会捐赠比重	0.0226	0.0335	0.0226	0.0165	0.0132	0.0124	0.0122	0.0109
学费收入比重	0.1342	0.1383	0.1648	0.1916	0.2109	0.1991	0.1869	0.1789

（年份）

图 3.4　2001—2008 年高校办学经费融资结构情况

数据来源：依据 2002—2009 年《中国教育经费统计年鉴》整理所得。

3.1.2.3　高校发展期的经费融资结构

如表 3.5 所示，2009—2013 年，高校处于快速发展期，其办学经费融资总量快速增长，较建设期和成长期有了明显提升，在主要经费融资结构上也有了新的变化。

表3.5 2009—2013年高校办学经费融资的主要来源

年份	办学经费（亿元）	财政拨款（亿元）	校办产业收入（亿元）	社会捐赠收入（亿元）	学费收入（亿元）	财政拨款比重（%）	校办产业收入比重（%）	社会捐赠收入比重（%）	学费收入比重（%）
2009	1447.53	866.95	9.10	13.40	243.35	59.89	0.63	0.93	16.81
2010	1739.42	1113.43	5.94	13.90	248.23	64.01	0.34	0.80	14.27
2011	2132.92	1404.40	8.97	24.50	280.40	65.84	0.42	1.15	13.15
2012	2197.17	1358.70	12.43	23.20	277.70	61.84	0.57	1.06	12.64
2013	2378.40	1539.33	13.20	24.70	338.10	64.72	0.55	1.04	14.22

数据来源：依据2010—2014年《中国教育经费统计年鉴》整理所得。

数据显示，2009年高校办学经费融资总量为1447.53亿元，其中：财政拨款为866.95亿元，占当年高校办学经费融资总量的59.89%；校办产业收入用于办学的经费为9.10亿元，占当年高校办学经费融资总量的0.63%；社会捐赠收入为13.40亿元，占当年高校办学经费融资总量的0.93%；学费收入为243.35亿元，占当年高校办学经费融资总量的16.81%。2010年高校办学经费融资总量为1739.42亿元，其中：财政拨款为1113.43亿元，占当年高校办学经费融资总量的64.01%；校办产业收入用于办学融资的经费为5.94亿元，占当年高校办学经费融资总量的0.34%；社会捐赠收入为13.9亿元，占当年高校办学经费融资总量的0.8%；学费收入为248.23亿元，占当年高校办学经费融资总量的14.27%。2011年高校办学经费融资总量为2132.92亿元，其中：财政拨款为1404.40亿元，占当年高校办学经费融资总量的65.84%；校办产业收入用于办学的经费为8.97亿元，占当年高校办学经费融资总量的0.42%；社会捐赠收入为24.50亿元，占当年高校办学经费融资总量的1.15%；学费收入为280.40亿元，占当年高校办学经费融资总量的13.15%。2012年高校办学经费融资总量为 2197. 17 亿元，其中：财政拨款为 1358. 70 亿元，占当年高校办学经费融资总量的 61. 84%；校办产业收入用于办学的经费为 12. 43 亿元，占当年高校办学经费融资总量的 0. 57%；社会捐赠收入为 23. 20 亿元，占当年高校办学经费融资总量的 1. 06%；学费收入 277. 70 亿元，占当年高校办学经费融资总量的 12. 64%。2013 年高校办学经费为 2378. 40 亿元，其中：财政拨款为 1539. 33 亿元，占当年高校办学经费融资总量的 64. 72%；校办产业收入用于办学的经费为 13. 20 亿元，占当年高校办学经费融资总量的 0. 55%；社会捐赠收入为 24. 70 亿元，占当年高校办学经费融资总量的 1. 04%；学费收入为 338. 10 亿元，占当年高校办学经费融资总量的 14. 22%。

此外，从 2009—2013 年的财政拨款占办学经费融资总量的比重情况来看，2009—2011 年，财政拨款比重呈现增加趋势，由 2009 年的 59. 89%增加到了 2011 年的 65. 84%，提高了 5. 95 个百分点；而从 2011—2013 年的数据来看，财政拨款比重呈现先降后增趋势，2012 年的财政拨款比重比 2011 年下降了 4 个百分点，而 2013 年则比 2012 年提高了 2. 88 个百分点，财政拨款在办学经费融资总量中的占比呈现出先增后降再增的趋势。从 2009—2013 年的校办产业收入占办学经费融资总量的比重情况来看，其占比呈现出先降后增再降的趋势，2010 年的校办产业收入占比比 2009 年下滑了 0. 29 个百分点；2012 年的校办产业收入占比比 2010 年提高了 0. 23 个百分点，比 2011 年提高了 0. 15 个百分点；2013 年的校办产业收入占比与 2012 年相比有小幅下降，降低了 0. 02 个百分点。从 2009—2013 年社会捐赠收入在办学经费融资总量中的构成情况来看，其占比也呈现出先小幅下降到平滑增长再缓慢下降的趋势，2010 年社会捐赠收入占办学经费融资总量的比重为 0. 80%，比 2009 年下降了 0. 13 个百分点；2011 年的社会捐赠收入占经费融资总量的比重比 2010 年提高了 0. 35 个百分点；2013 年社会捐赠收入的比重比 2012 年下降了 0. 02

个百分点，比2011年下降了0.11个百分点。从学费收入占办学经费融资总量的比重情况来看，2009—2013年高校办学经费融资总量中学费收入的占比情况呈现先降后增的趋势，其中：2010年比2009年下降了2.54个百分点，2011年比2010年下降了1.12个百分点，2012年比2011年下降了0.51个百分点。2009—2012年，学费收入的比重情况呈递减的趋势。以2012年为拐点，2013年高校办学经费融资总量中学费收入的比重比2012年提高了1.58个百分点。这些数据变化情况也反映了高校发展期办学经费融资的构成情况。

3.1.2.4　高校可持续发展期的经费融资结构

本书截取2014—2018年这一时间段的数据，分析高校可持续发展期的经费融资结构（见表3.6和图3.5）。（注：2014年高等教育会计制度改革，部分收入科目名称及核算口径较以往年度有所变化，且教育部统一规定了信息公开内容）

表3.6　2014—2018年高校办学经费融资的主要来源　　单位：亿元

年份	办学经费	财政拨款	附属单位上缴收入	社会捐赠收入	教育事业收入	其他融资渠道收入
2014	2033.29	950.36	7.72	19.25	395.23	660.75
2015	2260.29	1087.59	8.29	25.12	402.78	736.51
2016	2436.48	1143.56	7.29	25.05	423.05	837.46
2017	2675.31	1220.62	7.38	26.46	482.35	938.42
2018	2913.70	1273.73	6.42	28.75	517.30	1087.53

数据来源：依据76所教育部直属高校门户网站对外公开的2014—2018年决算数据整理所得。

如表3.6和图3.5所示，2014年高校办学经费融资总量为2033.29亿元，其中：财政拨款为950.36亿元，占办学经费融资总量的46.74%；附属单位上缴收入（2013年及以前为校办产业收入）为7.72亿元，占办学经费融资总量的0.38%；社会捐赠收入为19.25亿元，占办学经费融资总量的0.95%；教育事业收入（主要为学费收入）为395.23亿元，占办学

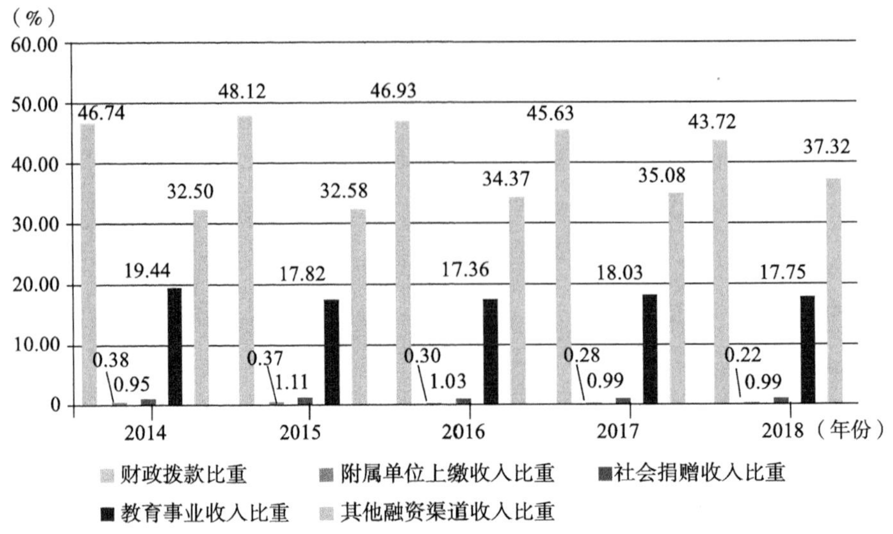

图 3.5　2014—2018 年高校办学经费融资结构情况

数据来源：依据 76 所教育部直属高校门户网站对外公开的 2014—2018 年决算数据整理所得。

经费融资总量的 19.44%；其他融资渠道收入为 660.75 亿元，占办学经费融资总量的 32.50%。

2015 年高校办学经费融资总量为 2260.29 亿元，其中：财政拨款为 1087.59 亿元，占办学经费融资总量的 48.12%；附属单位上缴收入为 8.29 亿元，占办学经费融资总量的 0.37%；社会捐赠收入为 25.12 亿元，占办学经费融资总量的 1.11%；教育事业收入为 402.78 亿元，占办学经费融资总量的 17.82%；其他融资渠道收入为 736.51 亿元，占办学经费融资总量的 32.58%。

2016 年高校办学经费融资总量为 2436.48 亿元，其中：财政拨款为 1143.56 亿元，占办学经费融资总量的 46.93%；附属单位上缴收入为 7.29 亿元，占办学经费融资总量的 0.30%；社会捐赠收入为 25.05 亿元，占办学经费融资总量的 1.03%；教育事业收入为 423.05 亿元，占办学经费融资总量的 17.36%；其他融资渠道收入为 837.46 亿元，占办学经费融资总量的 34.37%。

2017 年高校办学经费融资总量为 2675.31 亿元，其中：财政拨款为 1220.62 亿元，占办学经费融资总量的 45.63%；附属单位上缴收入为 7.38 亿元，占办学经费融资总量的 0.28%；社会捐赠收入为 26.46 亿元，占办学经费融资总量的 0.99%；教育事业收入为 482.35 亿元，占办学经费融资总量的 18.03%；其他融资渠道收入为 938.42 亿元，占办学经费融资总量的 35.08%。

2018 年高校办学经费融资总量为 2913.70 亿元，其中：财政拨款为 1273.73 亿元，占办学经费融资总量的 43.72%；附属单位上缴收入为 6.42 亿元，占办学经费融资总量的 0.22%；社会捐赠收入为 28.75 亿元，占办学经费融资总量的 0.99%；教育事业收入为 517.30 亿元，占办学经费融资总量的 17.75%；其他融资渠道收入为 1087.53 亿元，占办学经费融资总量的 37.32%。

这些数据的变化也反映了高校可持续发展期办学经费融资结构的变化情况。

3.1.3　高校经费融资模式的演进

3.1.3.1　高校建设期的经费融资模式

高校建设期的经费融资模式主要是依靠政府财政拨款的政府扶持型融资模式。这一模式指的是高校办学经费融资的主要来源渠道较为单一，即主要以政府财政拨款来维持办学，其他经费收入少之又少，这一时期高校的经费融资基本都是专项资金专款专用，学校自主融资的机会非常少。

以 1996 年数据为例，如图 3.6 所示，1996 年高校办学经费中的财政拨款占了办学经费融资总量的 67.41%，校办产业收入用于办学融资的经费占比为 11.92%，社会捐赠收入的占比仅为 2.24%，学费收入占比为

11.13%，其他融资渠道收入占比为7.30%。从这个收入构成情况来看，1996年高校的办学经费融资主要来源是财政拨款，其他类型的资金融资方式也在缓慢发展。

由此可见，在高校建设期，以政府财政拨款为主导的扶持模式仍然是高校办学经费融资的主要模式，在高校建设期发挥了强有力的支撑作用。

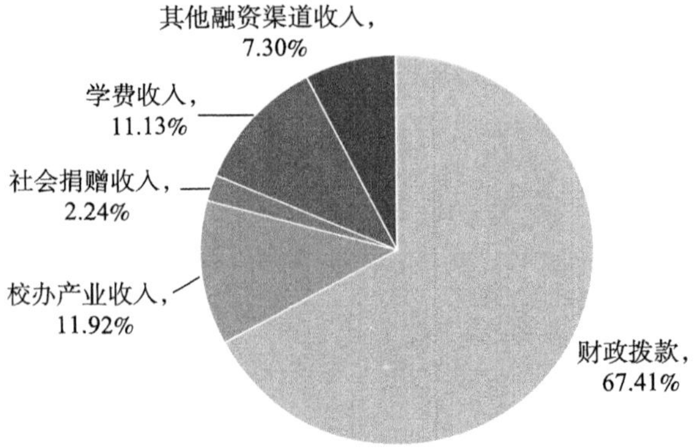

图3.6　1996年高校办学经费融资构成情况

数据来源：依据1997年《中国教育经费统计年鉴》整理所得。

3.1.3.2　高校成长期的经费融资模式

高校在成长期的经费融资结构不断变化，其经费融资模式也随之发生改变。这一时期的办学经费融资模式主要从以财政拨款为主的单一模式向"财政拨款、事业收入、校办产业、社会捐赠"等形式的多渠道融资模式逐步迈进。

2008年高校办学经费融资构成情况见图3.7。其中，财政拨款占比达到56.96%，学费收入占比为17.89%，社会捐赠收入占比为1.09%，校办产业收入的占比为0.70%，其他融资渠道收入占比为23.36%。这一时期，高校的办学经费融资已初步形成了"财、事、产、社"及其他融资渠道的多元化格局，并发挥着重要作用。

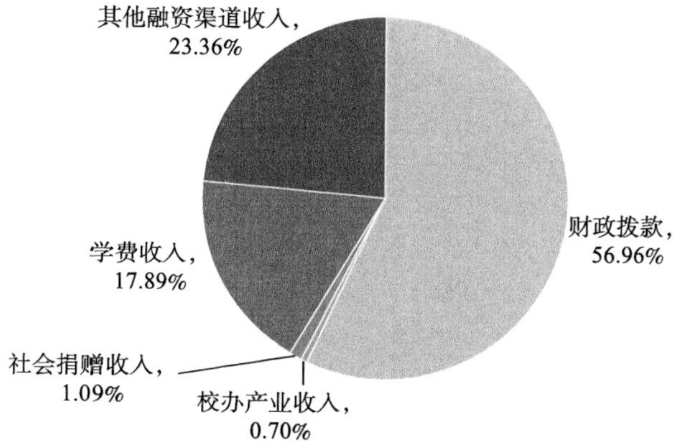

图 3.7　2008 年高校办学经费融资构成情况

数据来源：依据 2009 年《中国教育经费统计年鉴》整理所得。

3.1.3.3　高校发展期的经费融资模式

在发展期，高校的办学经费融资模式继续发挥着成长期融资模式的功能与作用，很好地为高校办学建设提供了基础保障。为进一步提升高校办学质量，优化其融资模式和结构，在发展期，高校进一步深化建设期所形成的多渠道资金融资模式，逐步形成了以政府为主导，深化社会多渠道投资格局的融资模式。

如图 3.8 所示，2013 年高校办学经费融资的总量达到了 2378.40 亿元。其中，主要的融资来源有财政拨款、校办产业收入用于教育的经费、社会捐赠收入、学费收入等。从各融资方式所获得的办学经费情况来看，2013 年高校办学经费融资中，国家财政拨款的收入占比为 64.72%，校办产业收入用于办学的经费占比为 0.55%，社会捐赠收入占比为 1.04%，学费收入占比为 14.22%。与 2008 年相比，各个融资渠道所获取的资金占比情况均有不同程度的增减，但总体而言，发展期高校在办学经费融资上仍然不断努力，继续深化和强化着“财、事、产、社”及其他融资渠道的多元化融资模式，这为解决高校的融资难题、为其建设高水平“双一流”大学提供了有力支撑。

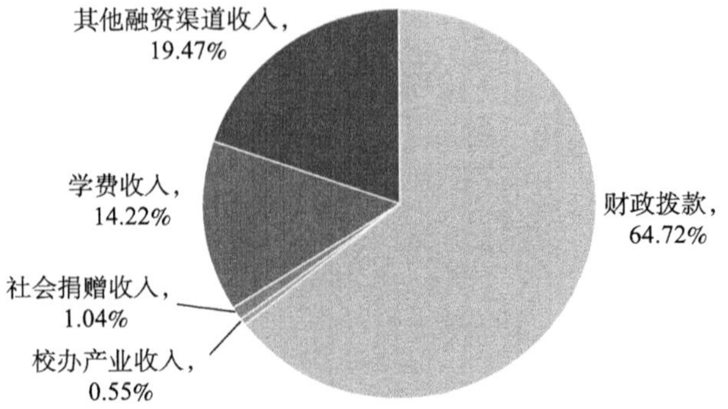

图 3.8　2013 年高校办学经费融资构成情况

数据来源：依据 2014 年《中国教育经费统计年鉴》整理所得。

3.1.3.4　高校可持续发展期的经费融资模式

在可持续发展期，高校的办学经费融资模式继续发挥着发展期融资模式的功能与作用，不断提升高校办学经费融资质量和效益。为提升高校办学质量，提高高校各项环节运行效率，进一步优化办学经费融资结构和模式，在高校可持续发展期，高校逐步降低对财政拨款的高度依赖，形成了更加可持续的经费融资模式。

如图 3.9 和图 3.10 所示，2014 年高校办学经费融资总量中，财政拨款占办学经费融资总量的比重为 46.74%，附属单位上缴收入（2013 年及以前为校办产业收入）占办学经费融资总量的比重为 0.38%，社会捐赠收入占比为 0.95%，教育事业收入（主要为学费收入）占比为 19.44%，其他融资渠道收入占比为 32.50%。到 2018 年，高校办学经费融资结构发生调整，其融资模式也相应地有所变化。2018 年高校办学经费融资总量中财政拨款占比为 43.71%，与 2014 年相比下降了 3.03 个百分点；附属单位上缴收入占比为 0.22%，与 2014 年相比下降了 0.16 个百分点；社会捐赠收入占比 0.99%，与 2014 年相比提高了 0.04 个百分点；教育事业收入占比为 17.75%，与 2014 年相比下降了 1.69 个百分点；其他融资渠道的收入占比为 37.32%，与 2014 年相比提高了 4.82 个百分点。总体来看，在可持续发展期，高校财政拨款收入及教育事业收入的绝对数值呈上升趋势，但在办学经费中的相对占比有所下降；社会捐赠收入及其他融资渠道收入的占比不断增加，办学经费融资模式将向更加多元化和内涵式可持续发展模式转变。

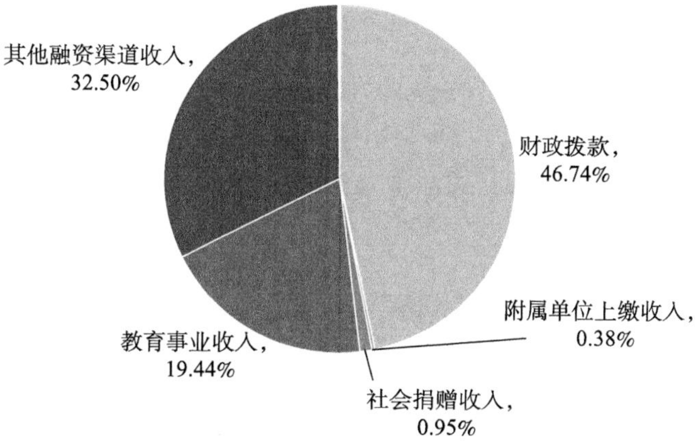

图3.9　2014年高校办学经费融资构成情况

数据来源：依据76所教育部直属高校门户网站对外公开的2015年决算数据整理所得。

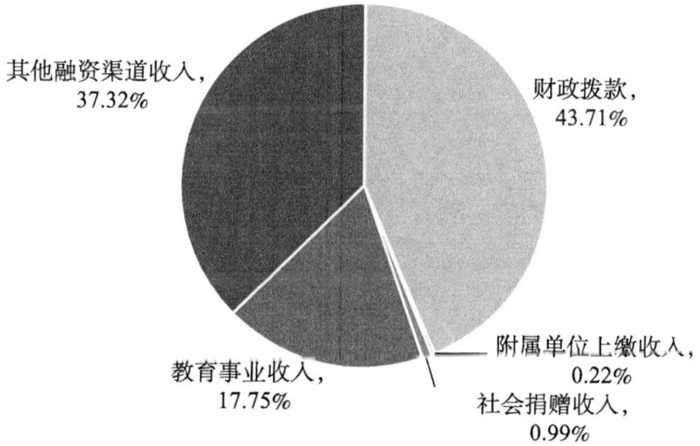

图3.10　2018年高校办学经费融资构成情况

数据来源：依据76所教育部直属高校门户网站对外公开的2018年决算数据整理所得。

3. 2　高校办学经费融资的特点

随着我国社会经济进入增速换挡、动力转化、结构调整的经济转型期，高校的办学经费融资也进入了一个新的阶段。

3. 2. 1　经费融资总量呈平稳上升态势

自我国进入经济转型期以来，高校的办学经费融资也出现了新的变化，从总量上看，高校的办学经费融资总量持续增加，但在各年度之间增势呈现差异。

如图 3. 11 所示，从 2014—2018 年我国高校办学经费融资总量的情况来看，2015 年高校办学经费融资总量为 2260. 29 亿元，与 2014 年相比，增加了 11. 16%。2016 年高校办学经费融资总量为 2436. 48 亿元，与 2015 年相比，增加了 176. 19 亿元，同比增长 7. 80%。2017 年高校办学经费融资总量为 2675. 31 亿元，与 2016 年相比，增加了 238. 83 亿元，增长率达

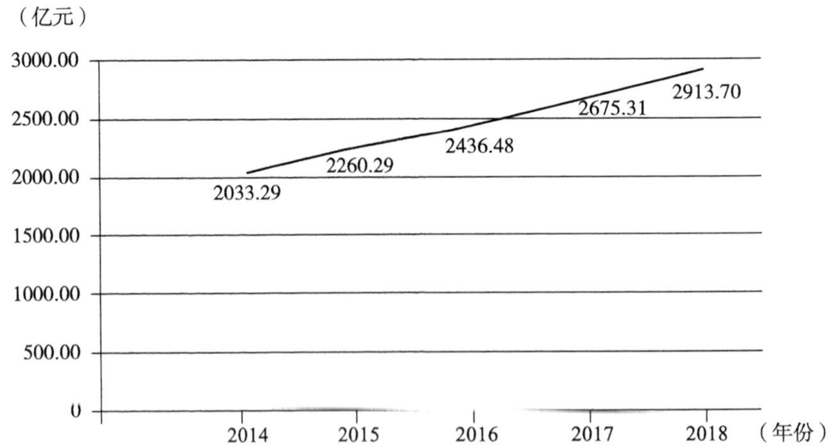

图 3. 11　2014—2018 年高校经费融资总量情况

数据来源：依据 76 所教育部直属高校门户网站对外公开 2014—2018 年决算数据整理所得。

到9.80%。2018年高校办学经费融资总量为2913.70亿元，较2017年增加了238.39亿元，增长了8.91%。2015—2018年高校办学经费融资总量的年平均增长率为9.42%。

从高校办学经费融资总量的增速情况来看，2016年高校办学经费融资的增速为7.80%，与2015年相比较，下降了3.36个百分点；而2017年高校的办学经费融资总量的增速为9.80%，比2016年提高了2.00个百分点；2018年高校办学经费融资的增速为8.91%，比2017年下降了0.89个百分点，高校办学经费融资总量的增速呈现先下降后缓慢上升再下降的发展趋势，这种变化恰恰与经济发展特征相符合。

从这些数据中我们可以看出，高校办学经费融资总量在增速上有所放缓，在体量上平稳增加，对于高校办学经费融资的方式、结构等也将产生一定影响，对高校在既有的经费条件下提升办学质量提出了更高要求。

3.2.2　经费融资结构呈多样性特征

随着我国经济进入转型期，高校的发展也出现了一系列新的变化，其在办学经费融资中也有所体现，主要表现在财政拨款、附属单位上缴收入、社会捐赠收入、教育事业收入、科研事业收入等方面（见表3.7）。

表3.7　2014—2018年高校办学经费融资的主要来源及其占比

年份	财政拨款（亿元）	比重（%）	附属单位上缴收入（亿元）	比重（%）	社会捐赠收入（亿元）	比重（%）	教育事业收入（亿元）	比重（%）	科研事业收入（亿元）	比重（%）
2014	950.36	46.74	7.72	0.38	19.25	0.95	395.23	19.44	412.73	20.30
2015	1087.59	48.12	8.29	0.37	25.12	1.11	402.78	17.82	448.23	19.83
2016	1143.56	46.93	7.29	0.30	25.05	1.03	423.05	17.36	488.26	20.04
2017	1220.62	45.63	7.38	0.28	26.46	0.99	482.35	18.03	552.06	20.64
2018	1273.74	43.71	6.42	0.22	28.75	0.99	517.30	17.75	635.77	21.82

数据来源：依据76所教育部直属高校门户网站对外公开的2014—2018年决算数据资料整理所得。

从表3.7中我们可以看出，2014年高校办学经费主要来源构成中，财政拨款为950.36亿元，占当年高校办学经费融资总量的46.74%；附属单位上缴收入为7.72亿元，占当年高校办学经费融资总量的0.38%；社会捐赠收入为19.25亿元，占当年高校办学经费融资总量的0.95%；教育事业收入为395.23亿元，占当年高校办学经费融资总量的19.44%；科研事业收入为412.73亿元，占当年高校办学经费融资总量的20.30%。2015年高校办学经费主要来源构成中，财政拨款为1087.59亿元，占当年高校办学经费融资总量的48.12%；附属单位上缴收入为8.29亿元，占当年高校办学经费融资总量的0.37%；社会捐赠收入为25.12亿元，占当年高校办学经费融资总量的1.11%；教育事业收入为402.78亿元，占当年高校办学经费融资总量的17.82%；科研事业收入为448.23亿元，占当年高校办学经费融资总量的19.83%。2016年高校办学经费主要来源构成中，财政拨款为1143.56亿元，占当年高校办学经费融资总量的46.93%；附属单位上缴收入为7.29亿元，占当年高校办学经费融资总量的0.30%；社会捐赠收入为25.05亿元，占当年高校办学经费融资总量的1.03%；教育事业收入为423.05亿元，占当年高校办学经费融资总量的17.36%；科研事业收入为488.26亿元，占当年高校办学经费融资总量的20.04%。2017年高校办学经费主要来源构成中，财政拨款为1220.62亿元，占当年高校办学经费融资总量的45.63%；附属单位上缴收入为7.38亿元，占当年高校办学经费融资总量的0.28%；社会捐赠收入为26.46亿元，占当年高校办学经费融资总量的0.99%；教育事业收入为482.35亿元，占当年高校办学经费融资总量的18.03%；科研事业收入为552.06亿元，占当年高校办学经费融资总量的20.64%。2018年高校办学经费主要来源构成中，财政拨款为1273.74亿元，占当年高校办学经费融资总量的43.71%；附属单位上缴收入为6.42亿元，占当年高校办学经费融资总量的0.22%；社会捐赠收入为28.75亿元，占当年高校办学经费融资总量的0.99%；教育事业收入为

517.30 亿元，占当年高校办学经费融资总量的 17.75%；科研事业收入为 635.77 亿元，占当年高校办学经费融资总量的 21.82%。这些数据直接或间接地反映了我国高校融资对财政拨款的依赖程度逐渐降低，高校办学经费融资渠道逐渐趋于多样性。

3.2.3　经费融资模式呈现经费来源主体多元化发展趋势

随着高校的不断发展，高校办学经费融资模式呈现经费来源主体多元化发展的态势。如图 3.12 所示，2018 年高校办学经费融资中，财政拨款（包括教育补助拨款、科研补助拨款及其他补助拨款）占比达到了 43.71%，高校自己组织的教育事业收入占比为 17.75%，科研事业收入占比达到了 21.82%，附属单位上缴收入占比为 0.22%，社会捐赠收入占比为 0.99%，其他融资渠道收入占比为 15.51%。可见，高校办学经费模式还是以财政拨款为主，主要依靠教育补助拨款，以及社会事业发展以及科研项目经费，办学经费融资模式正逐步深化，并形成了政府主导、社会运作、学术引领的多元化融资发展趋势。这有利于高校提升办学质量，提高办学经费融资效益和效率，在质量和体量上都有利于迎来新的创新和改革。

表 3.8 则从绝对数情况和相对数情况两方面展示了高校办学经费融资的变化情况，为我们深入分析高校办学经费融资模式起到了基础保障和支撑作用。从绝对数情况来看，2018 年高校办学经费中教育补助拨款为 1175.50 亿元，是 2014 年的 1.35 倍，科研补助拨款是 2014 年的 1.09 倍，其他补助拨款是 2014 年的 1.31 倍，附属单位上缴收入是 2014 年的 0.83 倍，社会捐赠收入是 2014 年的 1.49 倍，教育事业收入是 2014 年的 1.31 倍，科研事业收入是 2014 年的 1.54 倍，其他融资渠道收入是 2014 年的 1.82 倍。从相对数情况来看，2018 年教育部直属办学经费中，教育补助拨款比 2014 年增长了 35.23%，科研补助拨款比 2014 年增长了 8.64%，其他补助拨款比 2014 年增长了 30.93%，附属单位上缴收入比 2014 年下降了

16.84%，社会捐赠收入比2014年增长了49.35%，教育事业收入比2014年增长了30.89%，科研事业收入比2014年增长了54.04%，其他融资渠道收入比2014年增长了82.15%。由此可见，高校办学经费融资的主要模式已经由建设期的政府拨款的单极模式向政府主导、社会市场运作的多极统筹模式转变，多元化融资趋势的作用越来越凸显。

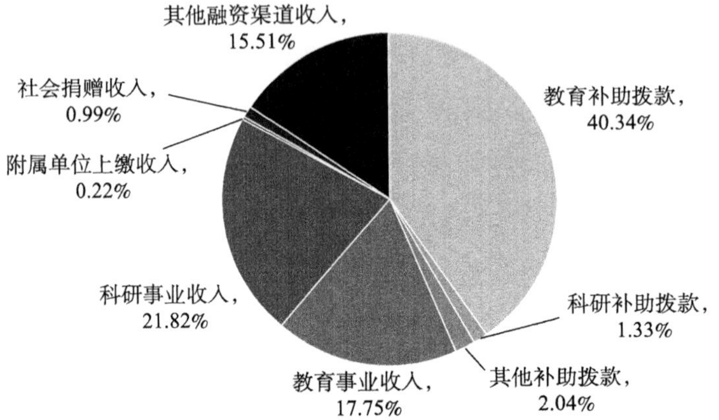

图3.12　2018年高校办学经费融资情况

数据来源：依据76所教育部直属高校门户网站对外公开的2018年决算数据资料整理所得。

表3.8　2014年与2018年高校经费筹措情况的比较

指标	办学经费（亿元）	教育补助拨款（亿元）	科研补助拨款（亿元）	其他补助拨款（亿元）	教育事业收入（亿元）	科研事业收入（亿元）	附属单位上缴收入（亿元）	社会捐赠收入（亿元）	其他融资渠道收入（亿元）
2014年	2033.29	869.27	35.63	45.46	395.23	412.73	7.72	19.25	248.00
2018年	2913.70	1175.50	38.71	59.52	517.30	635.77	6.42	28.75	451.73
增减变化	880.41	306.23	3.08	14.06	122.07	223.04	-1.3	9.5	203.73
增长率（%）	43.30	35.23	8.64	30.93	30.89	54.04	-16.84	49.35	82.15
比值（倍）	1.43	1.35	1.09	1.31	1.31	1.54	0.83	1.49	1.82

数据来源：依据76所教育部直属高校门户网站对外公开的2014年、2018年决算数据整理所得。

3.3 高校办学经费融资的主要渠道

随着社会经济发展进入新的发展阶段，高校办学经费的融资渠道也有所变化，主要依靠财政拨款、教育事业收入、科研事业收入、社会捐赠收入、附属单位上缴收入及其他融资渠道收入等。

3.3.1 财政拨款

财政拨款即财政补助收入，包括教育补助拨款、科研补助拨款及其他补助拨款。对国内外高校而言，从早期发展至今，国家财政拨款都是一项不容忽视的收入来源。国家的财政拨款对高等院校来说具有获得成本较低、拨款金额巨大的特点，因此是对高校自身发展具有极大的促进作用的收入来源。

高校往往代表着中国各领域最高水平的科研能力，每年不断为国家输送优秀人才，这些高校的发展对中国社会有着巨大的经济效应与社会效应。近年来，我国 GDP 增速由原来的高速发展转变为中高速发展。教育是国民经济发展的基础，而在经济发展中，人是能动性的承接，培养人才成为具有竞争力的重要部分，因此在教育投入上，中国政府一直是高度重视且慷慨付出。据统计，2010 年中国财政共计支出 89874 亿元，其中投入教育方面的资金占比为 16.32%，共计 14670 亿元①；2018 年中国财政总支出为 220906 亿元，其中教育方面总支出为 36996 亿元，占比为 16.75%②，比 2010 年提高了 0.43 个百分点，增长 152.19%。从财政体制来看，部属高校的财政拨款列入中央财政，因此，从中央财政角度来看，2010 年中央财政总支出为 15990 亿元，其中对教育方面的支出为 2547 亿元③；2018 年

① 《2011 年中国统计年鉴》。

② 《2019 年中国统计年鉴》。

③ 《教育部 国家统计局 财政部关于 2010 年全国教育经费执行情况统计公告》。

中央财政总支出为32708亿元，其中对教育方面的支出为5008亿元[①]，比2010年增长96.62%，也处于上升阶段。从上述数据可以看出，无论在全国范围内还是对教育部直属高等院校，中国政府对教育方面的财政拨款一直都在增加。

随着社会经济发展阶段的转变调整，虽然全国GDP增速稍微放缓，但中国经济总体还处在中高速增长阶段，并且中国经济社会发展将面临很多的挑战和机遇，把握好时机，未来发展将会很好。在此背景下，党中央对高等教育格外重视，保持每年加大经费投入，即使在国家经济下行压力加大、财政收支矛盾异常突出的情况下，国家对高等教育的投入仍然是增加的，只是增速有所放缓，且财政拨款在高校办学经费融资中的比例最高。

3.3.2 教育事业收入

教育事业收入主要是学费收入。多年来，我国高等院校的学费标准几乎没有调整，因此相比国外的学费标准还处在较低水平。从国内一流顶尖的几所学校的学费标准就可以清晰地看到这种状况。例如，清华大学的学费标准为每人每年5000元[②]，北京大学的学费标准为少数专业每人每年5300元，其他专业每人每年5000元[③]。但中国在校大学生人口基数较大（2016年中国普通本科在校生人数为1612.95万人），直接影响着学费收入在高校收入中的占比。2016年，中央财政教育经费总收入为3473.02亿元，其中学费收入为270.22亿元，占比为7.78%。同年，地方财政教育经费总收入为32656.18亿元，其中学费收入为4047.14亿元，占比为12.39%[④]。将二者相比较可知，教育部直属高等院校的学费收入在教育经

① 《教育部　国家统计局　财政部关于2018年全国教育经费执行情况统计公告》。

② 清华大学门户网站，http：//www.tsinghua.edu.cn.

③ 北京大学门户网站，http：//www.pku.edu.cn/.

④ 《2017年中国统计年鉴》。

费总收入中的占比明显要比地方高校低，这与教育部直属高等院校在办学经费总收入中财政拨款占较大的比例有直接关系。同时也反映出，教育部直属高等院校现行学费的标准相对较低，学生和家庭在教育成本分担上承担的相对较少。相对地，地方高校办学经费融资的总收入中，来自国家财政拨款的占比不高，各省的经济发展情况也有较大差别，大部分省份无法做到拿出巨额的财政拨款来支持地方高校发展，但地方高校需要生存，需要不断改善办学条件，发展必要的科研研究，因而，提高学费标准就是其中一个途径。

与地方高校相比，教育部直属高等院校对学费收入的依赖度不高，但财政拨款并非均衡的，而是科研能力越强得到的财政拨款和社会资源越多。因此，得到更多财政拨款的高校往往也是科研能力更强的高校，这些资金再用于科研投入，使得它们的科研能力进一步提升，其结果是进一步增强了吸引社会上的优秀人才的能力，使其更强，形成了良性循环。所以，它们适当提高学费标准，从而增加学校的收入，通常对吸引优秀学子的影响不大。

3.3.3　科研事业收入

科研事业收入即科研经费，是指用于发展科学技术事业的费用，是进行科学研究的首要条件，更是推动科技进步的至关重要的因素。科研经费的分配通常是由政府、企业、民间组织、基金会等通过评审或者委托方式决定。我国高校的科研经费主要分为纵向科研经费和横向科研经费。

纵向科研经费通常是指来自政府的财政性拨款，主要包括国家级科研项目、省部级项目及厅局级项目资助等项目经费，经由国家或地方有关部门拨付，例如“973 计划”“863 计划”及相关支撑计划等。同时还包括国家和地方的各种基金，比如国家和各省部级的自然科学基金和社会科学基金、各高校博士学科点基金、社科重要项目资本、留学人员的科研启动资金等。

横向科研经费来自高校与事业单位或企业的横向合作，即高校凭借知识技术水平，向企事业单位提供技术咨询服务、科研成果转让等相关技术支持，或与企事业单位开展技术协作，构成一种互惠互利的状态。其中，高校负责进行技术支持，企事业单位提供经费援助，二者互利互补，通过科研合作的形式来促成科研活动的进行。据《中国高校企业科研经费排名》，2015 年企业科研经费达 10 亿元以上的，只有 1 所高校（10.5 亿元），而 2017 年企业科研经费超过 10 亿元的高校达到 5 所，经费最高达 16.66 亿元。企业投入资金作为高校科研收入的来源渠道之一，对高校的科研发展情况起到了举足轻重的作用，说明高校与企业的合作在不断加强。

3.3.4 社会捐赠收入

与国内高校不同，欧美国家捐赠收入往往是办学经费融资的主要来源，通常能占到教育经费总量的 1/3。而在国内高校的收入中，捐赠收入的占比很少能超过 10.00%。

改革开放 40 多年来，高校为社会培养了大量杰出人才，其中不乏居各大财富排行榜前列的企业家。在新的社会经济发展阶段，大量企业面对机遇的同时也面临强大的挑战，企业迫切需要符合时代潮流的人才，而人才的出处便是他们曾经就读的高等院校，其中相当一部分来自教育部直属高等院校。高校应该重视校友会工作，积极联系校友，以母校的能力帮助校友企业发展，反过来让校友为其母校的发展出谋划策。追本溯源，各高校最重要的还是要本着“以人为本”的理念对待在校学生，不仅竭尽全力培养他们的学术能力，还要塑造其与母校理念相切合的精神内涵，让他们心怀感激，这样才能在以后反哺母校。

当然，非校友的社会捐赠收入同样值得各高校重视，这就需要各高校满足社会需求，为地区经济发展做出贡献，从而提高声誉，吸引更多的非校友的社会捐赠。同样以哈佛大学为例，每年为哈佛大学进行捐赠的个人或团体，很大一部分并不是哈佛大学的校友，他们向哈佛大学进行捐赠完全是被其国际知名度与国际影响力所吸引，认为捐赠给哈佛大学，他们的资金将得到个人与社会效用的最大化。

高校往往代表着国家某些领域科研水平的最高标准，应该重视校企合作。高校较强的科研能力能给企业带来技术上的创新，受益的企业反过来以社会捐赠的方式回报高校，形成良性循环。所以，校企合作能够在一定程度上推进经济和社会的发展与进步。

3.3.5　附属单位上缴收入

附属单位上缴收入是高校附属单位按照有关规定将获得的利润等收入上缴学校一级财务形成的收入。学校附属单位主要以盈利为目的，并且将全部或者部分利润上缴给学校。附属单位上缴收入在高校办学经费中的占比小，但在缓慢增加。这部分收入不仅能够丰富高校办学经费融资渠道，增加高校的融资资金，在高校的发展中还起着促进人才培养及科学技术成果转化的重要作用，为培养人才和提高科研能力提供了必要的物质基础和资金基础。因此，发展好附属单位对高校的发展有着积极作用。

3.3.6　其他融资渠道收入

高校的其他融资渠道收入主要包括固定资产的租赁收入、文化旅游收入、校园门禁收入等。

高校为满足教学、科研和学生素质全面培养的需求，在保证师生日常教学等安排的基础上，可将多年积累的建设项目，如博物馆、大型体育馆、游泳馆、容纳人数较多的会议室、剧场等外租，以体现其向社会开放的功能，提高其利用效率，并从中收取一定费用。

每年寒暑假，很多小学、初中和高等中学组织学生或家庭自行组织参观团队去代表国内顶尖教育水平的高校参观。也有一些校园有特色展出，如博物馆、建筑物、花卉等，这些都会吸引大学以下的中小学校学生和旅游爱好者前往参观。参观门票收入以及参观时附加的购买纪念品（如校徽、带有高校标志的服装、学习用具）等文化旅游收入也增加了高校的办学经费。就此，高校可以适当增加纪念品的种类，从而给前来参观的游客提供更多选择。该项收入并不多，但对高校扩大社会影响发挥着溢出效应。

其他收入还有很多，如校园门禁和停车费等，在高校的办学经费中也占有一定比例。

3.4 高校办学经费融资存在的问题

随着社会经济发展进入新的发展阶段，调结构、转动力、提质量成为社会经济发展的重中之重，也影响着各个领域的发展和变革。高校办学经费的融资也需进一步进行结构调整和动力转换，以便更好地适应社会经济发展变化需要，进一步提升高校办学质量，努力争创世界一流大学、一流学科。虽然高校办学经费融资迎来了新的机遇，但也存在诸多问题。

3.4.1 对国家财政拨款的外源性融资依赖性较强

高校对财政拨款的依赖性较强，不利于高校的发展。如图 3.13 所示，2016 年高校办学经费为 2436.48 亿元，财政拨款为 1143.56 亿元，财政拨款占办学经费融资总量的 46.93%；2017 年高校办学经费为 2675.31 亿元，财政拨款为 1220.62 亿元，财政拨款占办学经费总量的 45.63%；2018 年高校办学经费为 2913.70 亿元，财政拨款为 1273.73 亿元，财政拨款占办学经费总量的 43.72%。从 2016—2018 年财政拨款情况来看，财政拨款在办学经费融资总量中的比重均超过了 40%。可见，高校办学经费融资对国家财政拨款的依赖性过大，不仅形成了对国家财政压力的路径依赖，也不利于高校积极动员社会力量实现自身的快速发展。

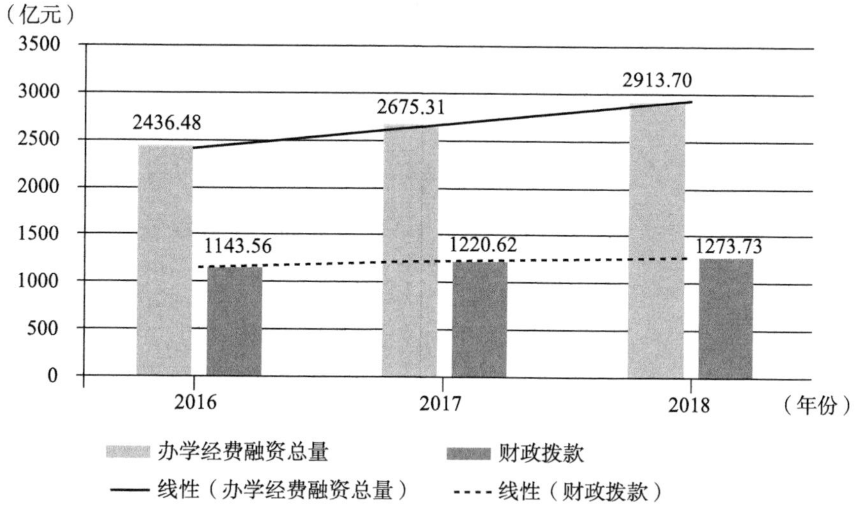

图 3.13　2016—2018 年高校办学经费融资与财政拨款情况

数据来源：依据 76 所教育部直属高校门户网站对外公开的 2016—2018 年决算数据整理所得。

3.4.2　经费融资结构有待改善

高校办学经费融资体量不断增加，但在融资结构上仍然存在一些问题，不利于高校办学经费融资以及办学质量的提升。

如表 3.9 所示，2014 年高校办学经费融资中财政拨款、附属单位上缴收入、社会捐赠收入、教育事业收入、科研事业收入以及其他融资渠道收入之比为 46.74 ∶ 0.38 ∶ 0.95 ∶ 19.44 ∶ 20.30 ∶ 12.20，财政拨款收入的融资总量是附属单位上缴收入经费融资总量的 123.10 倍，是社会捐赠收入融资总量的 49.37 倍，是教育事业收入的 2.40 倍，是科研事业收入的 2.30 倍，是其他融资渠道收入的 3.80 倍；到 2018 年，高校办学经费融资总量中财政拨款、附属单位上缴收入、社会捐赠收入、教育事业收入、科研事业收入以及其他融资渠道收入之比为 43.71 ∶ 0.22 ∶ 0.99 ∶ 17.75 ∶ 21.82 ∶ 15.50，财政拨款收入的融资总量是附属单位上缴收入融资总量的 198.40 倍，是社会捐赠收入的 44.30 倍，是教育事业收入的 2.46 倍，是科研事业收入的 2 倍，是其他融资渠道收入的2.82倍。

从这些数据比较和分析中可以发现，高校的办学经费融资结构还是以政府财政拨款为主导，其他渠道的资金融资总量和比重与财政拨款融资总量和比重相比差距较大。因而，高校办学经费的融资结构依然存在不合理之处，不利于高校办学经费融资绩效的进一步提升，也不利于高校的办学质量提升。

表3.9　2014—2018年高校办学经费融资结构　　单位:%

年份	财政拨款比重	附属单位上缴收入比重	社会捐赠收入比重	教育事业收入比重	科研事业收入比重	其他融资渠道比重
2014	46.74	0.38	0.95	19.44	20.30	12.20
2015	48.12	0.37	1.11	17.82	19.83	12.75
2016	46.94	0.30	1.03	17.36	20.04	14.33
2017	45.63	0.28	0.99	18.03	20.64	14.43
2018	43.71	0.22	0.99	17.75	21.82	15.50

数据来源：依据76所教育部直属高校门户网站对外公开的2014—2018年决算数据整理所得。

3.4.3　社会捐赠收入的吸引力不足

在高校办学经费融资中，社会捐赠收入的吸引力不足也是制约高校办学经费融资的一大问题。

从2014—2018年社会捐赠收入在高校办学经费融资总量的占比情况来看，2014年高校办学经费融资中社会捐赠收入的占比为0.95%，2015年则为1.11%，与2014年相比提高了0.16个百分点，呈上升趋势。以2015年为拐点，高校办学经费融资总量中社会捐赠收入的比重又开始下降，进入了调整的阵痛期。2016年高校办学经费融资总量中社会捐赠收入的占比为1.03%，比2015年下降了0.08个百分点。2017年高校办学经费融资总量中社会捐赠收入的占比为0.99%，比2016年下降了0.04个百分点。

2018 年，高校办学经费融资总量中社会捐赠收入融资水平与 2017 年基本持平，但与 2014 年相比，这一比重相对提高了 0.04 个百分点。2015—2018 年，高校办学经费融资总量中社会捐赠收入融资的比重呈现出缓慢下滑趋势。

从图 3.14 中可以看出，2014—2018 年，高校办学经费融资中社会捐赠收入的比重呈现先升后降再趋于平稳的趋势。但从整体的融资结构来看，社会捐赠收入在融资总量中的比重徘徊在 1%左右，与其他类型的融资方式相比差距过大，因此，社会捐赠收入对高校办学的吸引力严重不足。

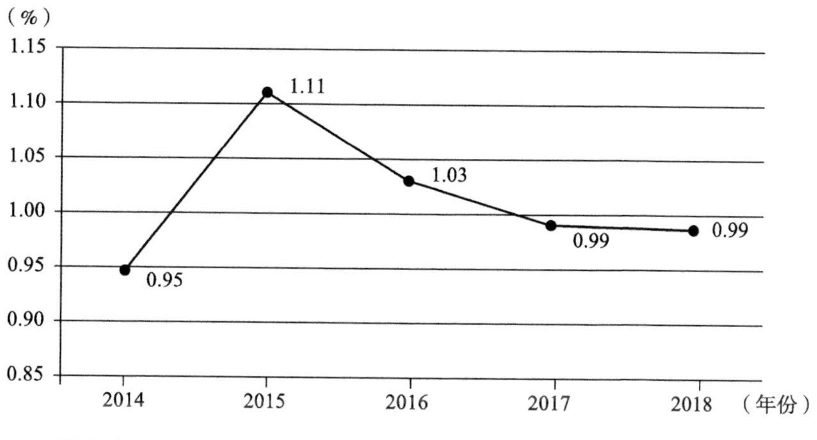

图 3.14　2014—2018 年高校办学经费中社会捐赠收入的融资情况

数据来源：依据 76 所教育部直属高校门户网站对外公开的 2014—2018 年决算数据整理所得。

第 4 章　基于区域分布的高校办学经费融资总量、结构及模式的比较分析

为了便于分析和观察各地区高校相对于高校整体的办学经费融资总量、结构的差异情况，以 2017 年、2018 年的数据为参考，展示高校整体的融资规模及融资结构的全貌，具体见图 4. 1 和图 4. 2。

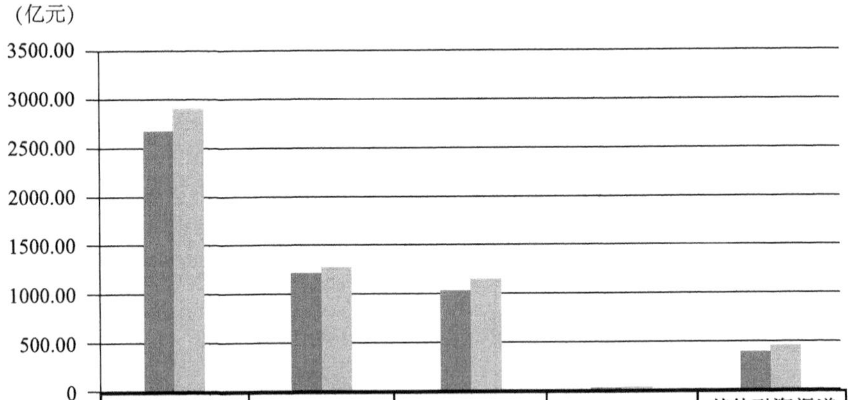

	办学经费融资总量	财政拨款	事业收入	社会捐赠收入	其他融资渠道收入
2017年	2675.31	1220.62	1034.41	26.46	393.82
2018年	2913.70	1273.74	1153.07	28.75	458.14

图 4. 1　2017—2018 年全国高校办学经费融资规模及构成

数据来源：依据 76 所教育部直属高校门户网站对外公开的 2017—2018 年决算数据整理所得。

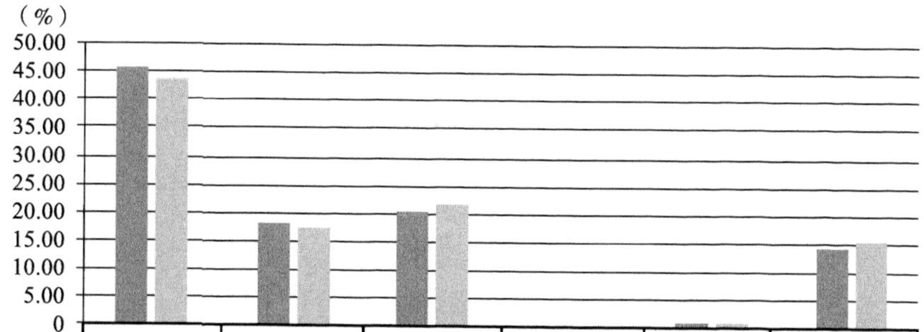

	财政拨款比重	教育事业收入比重	科研事业收入比重	附属单位上缴收入比重	社会捐赠收入比重	其他融资渠道收入比重
2017年	45.63	18.03	20.64	0.28	0.99	14.43
2018年	43.71	17.75	21.86	0.22	0.99	15.50

图 4.2　2017—2018 年全国高校办学经费融资结构

数据来源：依据 76 所教育部直属高校门户网站对外公开的 2017—2018 年决算数据整理所得。

从整体上看，2018 年高校办学经费融资总量较 2017 年增加了 238.39 亿元，同比增长 8.91%，呈增加趋势，我们可以从办学经费融资构成角度（财政拨款、社会捐赠收入、事业收入及其他融资渠道收入等）做进一步分析。

首先，2018 年国家对高校财政拨款为 1273.74 亿元，同比增长 4.35%，占高校办学经费融资总量的 43.71%。财政拨款中教育补助拨款为 1175.50 亿元、科研补助拨款为 38.72 亿元、其他补助拨款为 59.52 亿元，较 2017 年分别增长 4.30%、1.30%和 6.80%，占财政拨款的比重分别为 92.30%、3.00%、4.70%。可以看出，在经济转型的大背景下，国家一如既往地注重国民教育，注重高素质、高能力人才的培养。在国家公共预算安排上注重教育经费的投放比例，以期达到以人才驱动经济增长、以经济增长反作用于国民教育提高的目的。

其次，2018 年事业收入为 1153.07 亿元，同比增长 11.47%，占高校办学经费融资总量的 39.57%，比上年提高 0.90 个百分点。从事业收入的总量及构成情况来看，高校办学经费融资过程中事业收入的总量和占比是不断增加的。

再次，2018 年高校办学经费融资中社会捐赠收入为 28. 75 亿元，较 2017 年增加了 2. 29 亿元，增长了 8. 65%，占高校办学经费融资总量的 0. 99%，与 2017 年持平。

最后，2018 年高校办学经费中其他融资渠道收入为 458. 14 亿元，同比增长 16. 33%，占办学经费融资总量的 15. 50%，这一占比相较于 2017 年提高了 1. 07 个百分点。

根据我国的经济区域划分，将 76 所高校所在区域分为东部、中部、西部和东北四大地区。下面基于四个区域比较分析高校办学经费融资总量、结构及模式。

4. 1　高校办学经费融资总量的比较分析

4. 1. 1　东部地区高校办学经费融资总量分析

本书针对东部地区广东省、福建省、浙江省、上海市、江苏省、山东省、河北省、天津市、北京市 9 个省（市）的高校办学经费的规模和趋势，观察和分析其总量变化及影响因素。2018 年东部地区高校办学经费为 1937. 46 亿元，占全国高校办学经费融资总量的 66. 49%，较 2017 年增加了 154. 27 亿元，同比增长 8. 65%。财政拨款、事业收入、社会捐赠收入、利息收入等融资渠道对东部地区高校办学经费筹措产生了一定影响（见图 4. 3）。

一是财政拨款经费增多。2018 年，全国高校财政拨款为 1273. 74 亿元，同比增长 4. 35%。东部地区高校财政拨款为 763. 20 亿元，同比增长 3. 61%，低于全国增长速度，在 2018 年东部地区高校办学经费融资总量中占比为 39. 39%。

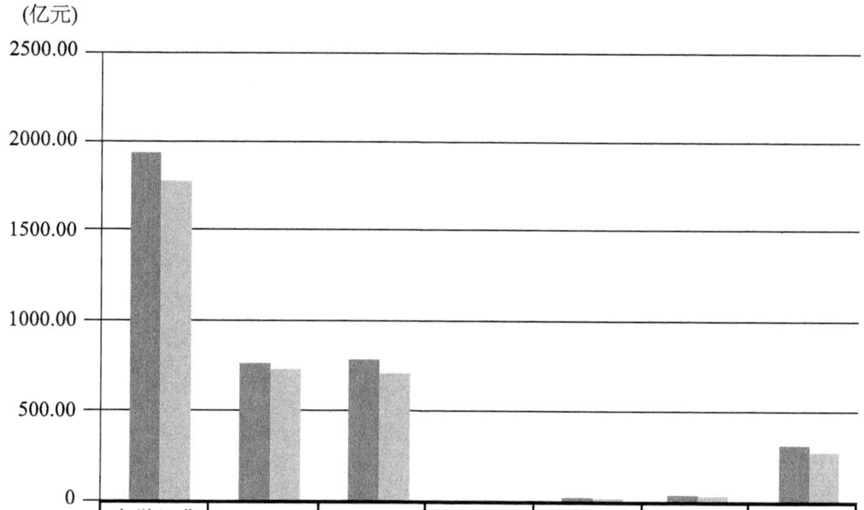

	办学经费融资总量	财政拨款	事业收入	附属单位上缴收入	社会捐赠收入	利息收入	其他收入
2017年	1783.19	736.64	710.07	4.99	22.11	32.28	277.10
2018年	1937.46	763.20	787.80	4.82	24.61	38.17	318.86

图 4.3　2017—2018 年东部地区高校办学经费融资规模及构成

数据来源：依据 76 所教育部直属高校门户网站对外公开的 2017—2018 年决算数据整理所得。

二是事业收入增多。2018 年，东部地区高校事业收入为 787.80 亿元，同比增长 10.95%，低于全国增长速度，在 76 所全国高校事业收入总量中占比为 68.32%，在东部地区高校办学经费融资总量中占比为 40.66%，影响着东部地区高校办学经费规模。

三是社会捐赠收入增多。2018 年东部地区社会捐赠收入为 24.61 亿元，较 2017 年增加 2.50 亿元，同比增长 11.31%，高于全国增长速度。

四是其他融资渠道收入（含利息收入）增多。2018 年东部地区其他融资渠道收入为 357.03 亿元，较 2017 年增加 47.65 亿元，同比增长 15.40%，低于全国增长速度。

4.1.2 中部地区高校办学经费融资总量分析

中部地区高校分布在安徽省、湖北省、湖南省 3 个省份。2018 年，中部地区高校办学经费融资总量为 379.74 亿元，与 2017 年相比增加了 33.36 亿元，同比增长 9.63%。中部地区高校办学经费融资总量占全国 76 所高校办学经费融资总量的比重为 13.03%，与 2017 年相比，这一比重提高了 0.08 个百分点，高于整体的教育经费增幅 0.72 个百分点，高于东部地区 0.98 个百分点（见图 4.4）。2018 年中部地区高校办学经费融资总量占我国办学经费融资总量的比例总体上升，主要影响因素如下：

一是政策倾斜。2018 年，从整体政策性的教育经费投放角度来看，国家加大了对欠发达城市教育基金的投放力度，以期以教育资源驱动教育成果，提升地区整体的教育力量。因此，2018 年中部地区财政拨款为 201.49 亿元，同比增加 5.66%，在中部地区高校办学经费融资总量中的占比为 53.06%，增长幅度超出东部地区 2.05 个百分点。

二是中部地区事业收入增长显著，对中部地区高校办学经费增长有一定影响。2018 年，中部地区高校事业收入为 134.85 亿元，较 2017 年增加了 14.40 亿元，增长了 11.96%，高于东部地区 1.01 个百分点。

三是利息收入有所增加。2018 年中部地区高校利息收入为 5.04 亿元，较 2017 年增加了 0.73 亿元，增长了 16.94%，低于东部地区增长速度。

四是其他收入有所增加。2018 年中部地区高校其他收入为 36.86 亿元，较 2017 年增加了 8.43 亿元，增长了 29.65%，高于东部地区增长速度。

五是占比不高的附属单位上缴收入和社会捐赠收入有所下降，但对总体的影响不大。2018 年，中部地区高校办学经费融资总量中附属单位上缴收入为 0.21 亿元，相较于 2017 年减少了 0.23 亿元，降低了 52.27%，东部地区高校附属单位上缴收入是中部地区的 22.95 倍。2018 年中部地区高校办学经费融资总量构成中，社会捐赠收入为 1.29 亿元，较 2017 年减少了 0.76 亿元，降低了 37.07%。

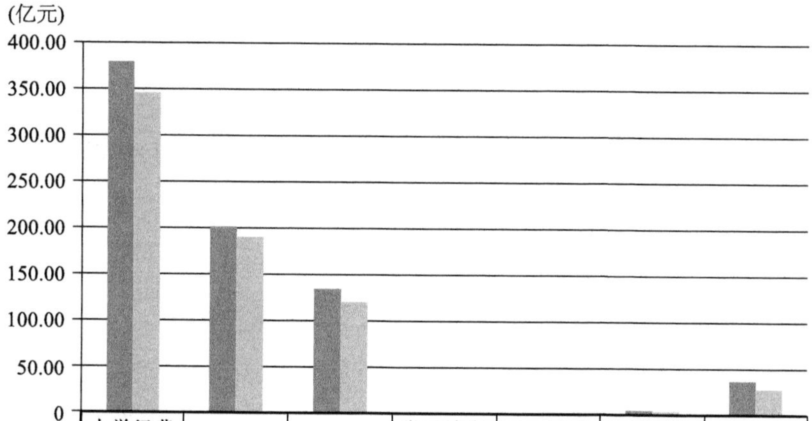

	办学经费融资总量	财政拨款	事业收入	附属单位上缴收入	社会捐赠收入	利息收入	其他收入
2017年	346.38	190.70	120.45	0.44	2.05	4.31	28.43
2018年	379.74	201.49	134.85	0.21	1.29	5.04	36.86

图 4.4　2017—2018 年中部地区高校办学经费融资规模及构成

数据来源：依据 76 所教育部直属高校门户网站对外公开的 2017—2018 年决算数据整理所得。

4.1.3　西部地区高校办学经费融资总量分析

西部地区高校主要分布在甘肃省、陕西省、四川省和重庆市 4 个省（市）。如图 4.5 所示，2018 年，西部地区办学经费融资总量为 421.97 亿元，与 2017 年相比增加了 41.01 亿元，同比增长了 10.76%，高于全国高校办学经费增长速度 1.85 个百分点，高于东部地区 2.11 个百分点，高于中部地区 1.13 个百分点。这种情况的产生主要受以下因素影响：

一是国家财政的支持力度加大。2018 年，西部地区高校国家财政拨款为 212.58 亿元，较 2017 年增加了 12.31 亿元，增长了 6.15%，高于 76 所高校整体财政拨款增长速度 1.80 个百分点，高于东部地区 2.54 个百分点，高于中部地区 0.49 个百分点。财政拨款占西部高校办学经费总量的比重为 50.38%，国家对西部地区高校的财政拨款在不断增加。

二是西部地区高校办学经费筹措总量中事业收入持续增加，为西部地区建设“双一流”高校提供了有力支持。2018 年西部地区高校的事业收入为 168.08 亿元，较 2017 年增加了 19.97 亿元，增长了 13.48%，高于东部、中部地区增长速度。

三是社会捐赠收入小幅提升。2018 年西部地区高校共获得社会捐赠收入 1.65 亿元，同比增加 1.85%，低于东部地区增长速度，高于中部地区增长速度。

四是利息收入略有增加。2018 年西部地区高校利息收入为 4.91 亿元，同比增加 0.42 亿元，增长 9.35%，低于东部、中部地区增长速度。

五是其他收入有所增加。2018 年西部地区高校其他收入为 33.82 亿元，同比增加 8.76 亿元，增长 34.96%，高于东部、中部地区增长速度。

这些都为西部地区高校办学经费融资提供了广泛渠道，加大了经费融资力度，为提升西部地区高校办学质量发挥了积极作用。

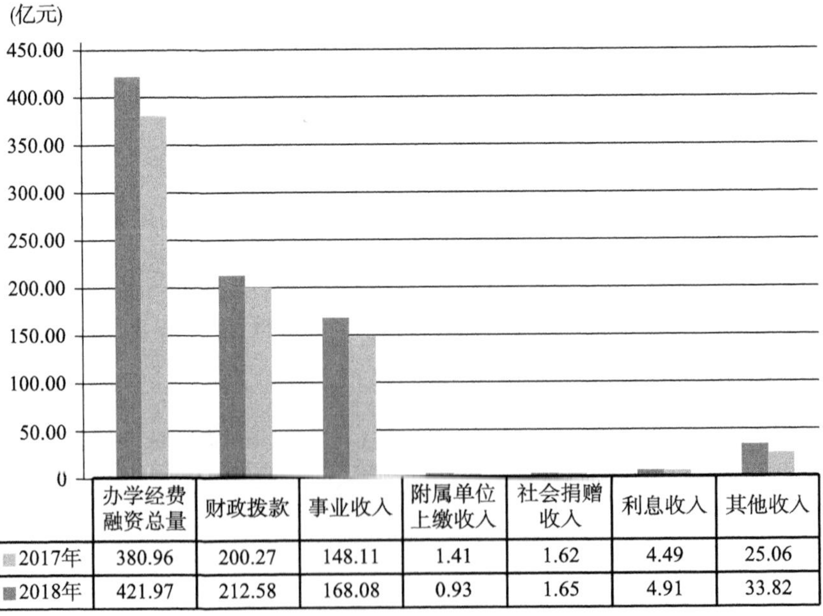

	办学经费融资总量	财政拨款	事业收入	附属单位上缴收入	社会捐赠收入	利息收入	其他收入
2017年	380.96	200.27	148.11	1.41	1.62	4.49	25.06
2018年	421.97	212.58	168.08	0.93	1.65	4.91	33.82

图 4.5　2017—2018 年西部地区高校办学经费融资规模及构成

数据来源：依据 76 所教育部直属高校门户网站对外公开的 2017—2018 年决算数据整理所得。

4.1.4　东北地区高校办学经费融资总量分析

东北的高校主要集中在哈尔滨、长春、沈阳和大连 4 个城市。如图 4.6 所示，2018 年东北地区高校办学经费融资总量为 174.53 亿元，较 2017 年增加了 9.75 亿元，同比增长了 5.92%，低于全国整体高校办学经费增长速度 2.99 个百分点，低于东部地区 2.73 个百分点，低于中部地区 3.71 个百分点，低于西部地区 4.85 个百分点。这种融资规模和增速的主要影响因素如下：

一是国家财政的支持力度加大，但东北地区高校获得的财政拨款增长速度低于全国整体增长速度及中部和西部地区。2018 年东北地区高校财政拨款为 96.47 亿元，同比增加 3.51 亿元，增长了 3.78%，低于全国整体增长速度 0.57 个百分点，高于东部地区 0.17 个百分点，低于中部地区 1.88 个百分点，低于西部地区 2.37 个百分点。

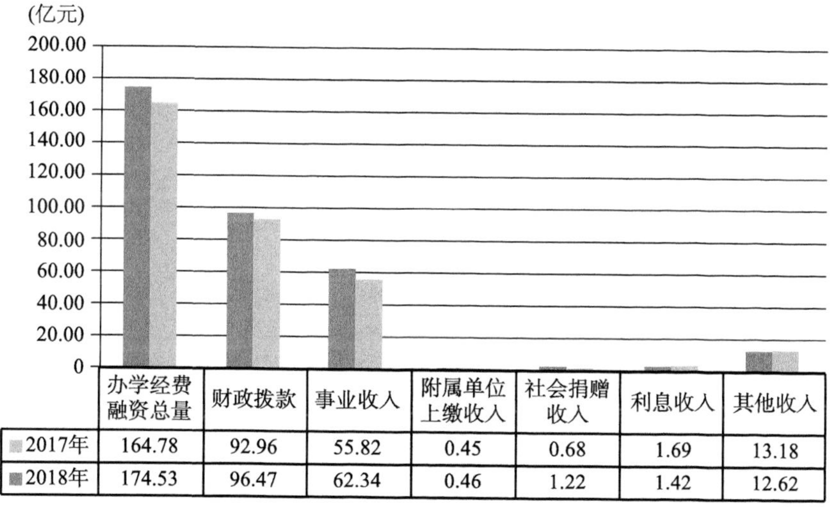

	办学经费融资总量	财政拨款	事业收入	附属单位上缴收入	社会捐赠收入	利息收入	其他收入
2017年	164.78	92.96	55.82	0.45	0.68	1.69	13.18
2018年	174.53	96.47	62.34	0.46	1.22	1.42	12.62

图 4.6　2017—2018 年东北地区高校办学经费融资规模及构成

数据来源：依据 76 所教育部直属高校门户网站对外公开的 2017—2018 年决算数据整理所得。

二是东北地区高校事业收入有所增加。东北地区高校 2018 年事业收入为62.34亿元，较2017年增加了6.52亿元，增长了11.68%，高于全国高校事业收入增长速度0.21个百分点，高于东部地区0.73个百分点，低于中部地区0.28个百分点，低于西部地区1.80个百分点。

三是东北地区高校社会捐赠收入略有增加。东北地区高校2018年社会捐赠收入为1.22亿元，较2017年增加了0.54亿元，增长了79.41%，高于全国社会捐赠收入70.76个百分点。

4.1.5 高校办学经费融资总量区域差异性分析

从整体四个地区来看，2018年东部地区高校办学经费融资总量为1937.46亿元，其中：财政拨款为763.20亿元，事业收入为787.80亿元，附属单位上缴收入为4.82亿元，其他收入为381.64亿元。与中部地区、西部地区、东北地区的高校办学经费融资情况相比，在总的办学经费收入上，东部地区占全国76所高校办学经费融资总量的66.49%，比中部地区高53.46个百分点，比西部地区高52.01个百分点，比东北地区高60.50个百分点。在财政拨款方面，东部地区高校财政拨款占全国76所高校财政拨款总量的59.92%，比中部地区高44.10个百分点，比西部地区高43.23个百分点，比东北地区高52.34个百分点。此外，东部地区高校事业收入、附属单位上缴收入以及其他收入也都高于中部地区、西部地区以及东北地区（见表4.1）。从融资总量增长速度来看，西部地区融资总量增长速度最快，达到了10.76%，高于东部地区的8.65%、中部地区的9.63%、东北地区的5.92%。

表4.1 2018年高校办学经费融资总量的区域比较 单位：亿元

地区	办学经费融资总量	财政拨款	事业收入	附属单位上缴收入	其他收入
东部地区	1937.46	763.20	787.80	4.82	381.64
中部地区	379.74	201.49	134.85	0.21	43.19

续表

地区	办学经费融资总量	财政拨款	事业收入	附属单位上缴收入	其他收入
西部地区	421.97	212.58	168.08	0.93	40.38
东北地区	174.53	96.47	62.34	0.46	15.26
全国	2913.70	1273.74	1153.07	6.42	480.48

数据来源：依据 76 所教育部直属高校门户网站对外公开的 2018 年决算数据整理所得。

4.2　高校办学经费融资结构的比较分析

4.2.1　东部地区高校办学经费融资结构分析

经济发展较好的东部地区高校办学经费的融资环境相对宽松，压力较小。2018 年，东部地区高校办学经费总量为 1937.46 亿元，其中：财政拨款为 763.20 亿元，包括 700.10 亿元的教育补助拨款、27.69 亿元的科研补助拨款以及 35.41 亿元的其他补助拨款；教育事业收入为 342.49 亿元，科研事业收入为 445.31 亿元；附属单位上缴收入为 4.82 亿元；社会捐赠收入为 24.61 亿元；利息收入为 38.17 亿元；其他融资渠道收入为 318.86 亿元。如图 4.7 所示，东部地区高校财政拨款占总收入的比重为 39.39%（教育补助拨款占比为 36.13%、科研补助拨款占比为 1.43%、其他补助拨款占比为 1.83%），教育事业收入占比为 17.68%，科研事业收入占比为 22.98%，附属单位上缴收入占比为 0.25%，社会捐赠收入占比为 1.27%，利息收入占比为 1.97%，其他收入占比为 16.46%，可见，东部地区高校办学经费融资总量中财政拨款与事业收入的比重较大。

与 2017 年相比，2018 年东部地区高校办学经费融资总量提高了 8.65 个百分点，财政拨款占比下降了 1.92 个百分点（教育补助拨款占比下降了 1.98 个百分点，科研补助拨款占比提高了 0.04 个百分点，其他补助拨款占比提高了 0.02 个百分点），教育事业收入占比下降了 0.13 个百分点，科研事业收入占比提高了 0.97 个百分点，附属单位上缴收入占比下降了 0.03 个百分点，社会捐赠收入占比提高了 0.03 个百分点，利息收入占比提高了 0.16 个百分点，其他收入占比提高了 0.92 个百分点。整体上，东部地区高校办学经费财政拨款占比有所下降。在全国范围内，东部地区是事业收入占比最高的地区。

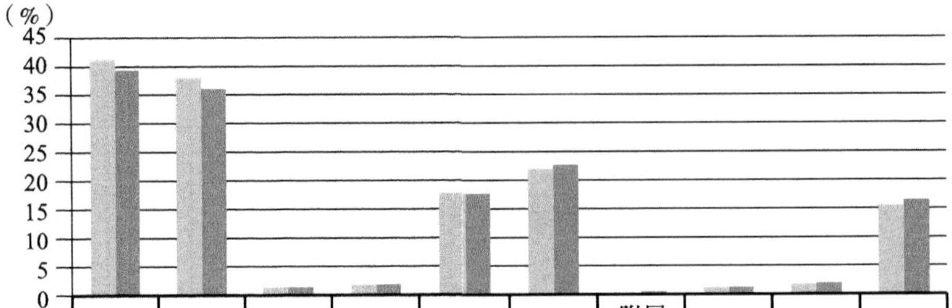

	财政拨款占比	教育补助拨款占比	科研补助拨款占比	其他补助拨款占比	教育事业收入占比	科研事业收入占比	附属单位上缴收入占比	社会捐赠收入占比	利息收入占比	其他收入占比
2017年	41.31	38.11	1.39	1.81	17.81	22.01	0.28	1.24	1.81	15.54
2018年	39.39	36.13	1.43	1.83	17.68	22.98	0.25	1.27	1.97	16.46

图 4.7　2017—2018 年东部地区高校办学经费融资结构

数据来源：依据 76 所教育部直属高校门户网站对外公开的 2017—2018 年决算数据整理所得。

4.2.2　中部地区高校办学经费融资结构分析

2017 年，中部地区高校办学经费融资总量为 346.38 亿元，其中：财政拨款为 190.70 亿元，占办学经费收入的 55.10%（教育补助拨款为 171.94 亿元，占办学经费收入的 49.68%；科研补助拨款为 6.85 亿元，占办学经费收入的 1.98%；其他补助拨款为 11.91 亿元，占办学经费收入的 3.44%）；教育事业收入为 55.03 亿元，占办学经费收入的 15.90%；科研事业收入为 65.42 亿元，占办学经费收入的 18.90%；附属单位上缴收入为 0.44 亿元，占办学经费收入的 0.13%；社会捐赠收入为 2.05 亿元，占办学经费收入的 0.59%；利息收入为 4.31 亿元，占办学经费收入的 1.25%；

其他收入为28.43亿元，占办学经费收入的8.21%（见图4.8）。由上述数据可知，中部地区高校融资仍然以国家财政拨款为主，对公共财政的依赖性较大。

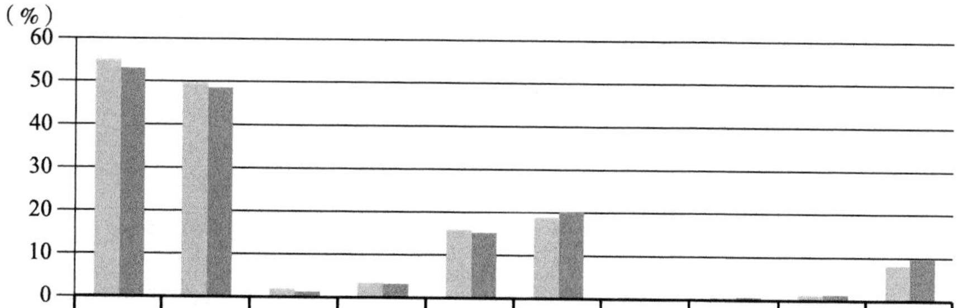

	财政拨款占比	教育补助拨款占比	科研补助拨款占比	其他补助拨款占比	教育事业收入占比	科研事业收入占比	附属单位上缴收入占比	社会捐赠收入占比	利息收入占比	其他收入占比
2017年	55.10	49.68	1.98	3.44	15.90	18.90	0.13	0.59	1.25	8.21
2018年	53.06	48.58	1.28	3.20	15.20	20.30	0.06	0.34	1.33	9.71

图4.8 2017—2018年中部地区高校办学经费融资结构

数据来源：依据76所教育部直属高校门户网站对外公开的2017—2018年决算数据整理所得。

2018年与2017年相比调整的部分有：财政拨款在办学经费收入的比重下滑了2.04个百分点（教育补助拨款占比下降了1.10个百分点，科研补助拨款占比下滑了0.70个百分点，其他补助拨款占比下降了0.24个百分点），教育事业收入占比下降了0.70个百分点，科研事业收入占比提高了1.40个百分点，附属单位上缴收入占比下降0.07个百分点，社会捐赠收入占比下降了0.25个百分点，利息收入占比提高了0.08个百分点，其他收入占比提高了1.50个百分点。中部地区科研水平有很大提升空间，科研事业收入占比持续增加，且在全国处于较高水平。

4.2.3 西部地区高校办学经费融资结构分析

西部地区经济比较落后，地理位置也比较偏远，经济发展和教育发展在全国都处于落后水平。

2017 年，西部地区高校办学经费融资总量为 380. 96 亿元，其中：财政拨款为 200. 27 亿元，占办学经费收入的比重为 52. 57%（教育补助拨款为 187. 98 亿元，占办学经费收入的比重为 49. 34%；科研补助拨款为 3. 85 亿元，占办学经费收入的比重为 1. 01%；其他补助拨款为 8. 43 亿元，占办学经费收入的比重为 2. 21%）；教育事业收入为 81. 43 亿元，占办学经费收入的比重为 21. 37%；科研事业收入为 66. 68 亿元，占办学经费收入的比重为 17. 50%；附属单位上缴收入为 1. 41 亿元，占办学经费收入的比重为 0. 37%；社会捐赠收入为 1. 62 亿元，占办学经费收入的比重为 0. 43%；利息收入为 4. 49 亿元，占办学经费收入的比重为 1. 18%；其他收入为 25. 06 亿元，占办学经费收入的比重为 6. 58%（见图 4. 9）。这些数据直接或间接地体现了西部地区教育落后，经济不发达，获得的各项经费收入比东部地区低。

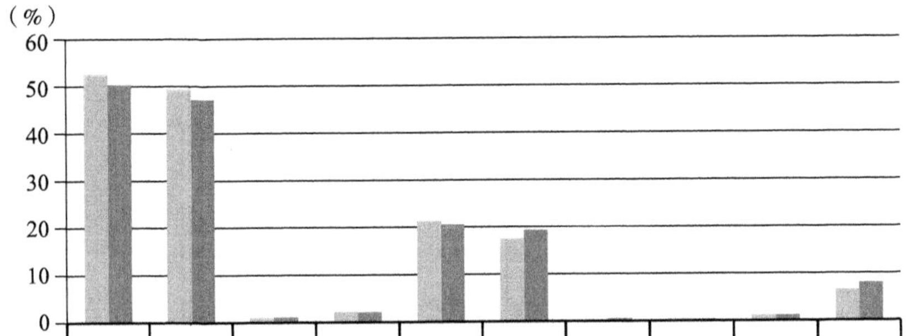

	财政拨款占比	教育补助拨款占比	科研补助拨款占比	其他补助拨款占比	教育事业收入占比	科研事业收入占比	附属单位上缴收入占比	社会捐赠收入占比	利息收入占比	其他收入占比
2017年	52.57	49.34	1.01	2.21	21.37	17.50	0.37	0.43	1.18	6.58
2018年	50.38	47.16	1.12	2.10	20.56	19.28	0.22	0.39	1.16	8.01

图 4. 9　2017—2018 年西部地区高校办学经费融资结构

数据来源：依据 76 所教育部直属高校门户网站对外公开的 2017—2018 年决算数据整理所得。

到 2018 年，西部地区高校办学经费的融资结构有所调整，具体表现为：2018 年西部地区高校办学经费收入中财政拨款的占比相较于 2017 年下降了 2.19 个百分点（教育补助拨款占比下降了 2.18 个百分点，科研补助拨款占比提高了 0.11 个百分点，其他补助拨款占比下降了 0.11 个百分点），教育事业收入占比下降了 0.81 个百分点，科研事业收入占比提高了 1.78 个百分点，附属单位上缴收入占比下降了 0.15 个百分点，社会捐赠收入占比下降了 0.04 个百分点，利息收入占比下降了 0.02 个百分点，其他收入占比提高了 1.43 个百分点。可见，财政拨款的比重有所下降，事业收入的比重有所上升，且在全国处于较高水平，西部地区高校办学经费融资渠道逐渐多元化。

4.2.4　东北地区高校办学经费融资结构分析

2017 年，东北地区高校办学经费融资总量为 164.78 亿元，同比增长 5.92%，其中：财政拨款为 92.96 亿元，占办学经费融资总量的 56.41%（教育补助拨款为 87.15 亿元，占办学经费融资总量的 52.89%；科研补助拨款为 2.73 亿元，占办学经费融资总量的 1.66%；其他补助拨款为 3.08 亿元，占办学经费融资总量的 1.87%）；教育事业收入为 28.26 亿元，占办学经费收入的 17.15%；科研事业收入为 27.56 亿元，占办学经费融资总量的 16.73%；附属单位上缴收入为 0.45 亿元，占办学经费融资总量的 0.27%；社会捐赠收入为 0.68 亿元，占办学经费融资总量的 0.41%；利息收入为 1.69 亿元，占办学经费融资总量的 1.03%；其他收入为 13.18 亿元，占办学经费融资总量的 8.00%（见图 4.10）。

2018 年，东北地区高校的经费融资结构有所变化。2018 年，东北地区高校财政拨款为 96.47 亿元，占办学经费收入的比重为 55.27%，相较于 2017 年下降了 1.14 个百分点（教育补助拨款占比下降了 0.23 个百分点，科研补助拨款占比下降了 0.81 个百分点，其他补助拨款占比下降了 0.10

个百分点）。教育事业收入占比提高了 0.22 个百分点，科研事业收入占比提高了 1.62 个百分点，附属单位上缴收入占比下降了 0.01 个百分点，社会捐赠收入占比提高了 0.29 个百分点，利息收入占比下降了 0.22 个百分点，其他收入占比下降了 0.77 个百分点。而且，吉林省、黑龙江省和辽宁省教育经费的收入都相差不大，但是其中结构的合理性需要进一步探讨。从总体上看，东北地区高校办学经费收入中财政拨款比重超过 55.00%，占比最大，对财政拨款的依赖性相对较高。国家十分重视对东北地区的教育投入，但东北地区实验设施相对薄弱，科研能力有限，科研经费虽然较 2017 年有了数量上的增长，但是增长的比例相对不高，所以东北地区各高校在提高科研能力和水平方面任重道远。

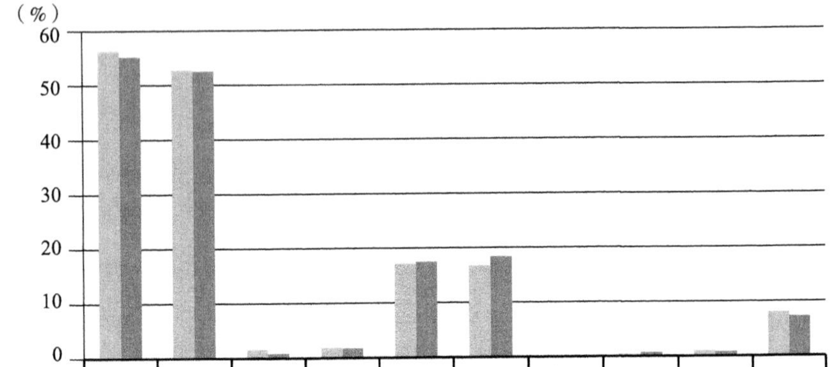

	财政拨款占比	教育补助拨款占比	科研补助拨款占比	其他补助拨款占比	教育事业收入占比	科研事业收入占比	附属单位上缴收入占比	社会捐赠收入占比	利息收入占比	其他收入占比
2017年	56.41	52.89	1.66	1.87	17.15	16.73	0.27	0.41	1.03	8.00
2018年	55.27	52.66	0.85	1.77	17.37	18.35	0.26	0.70	0.81	7.23

图 4.10　2017—2018 年东北地区高校办学经费融资结构

数据来源：依据 76 所教育部直属高校门户网站对外公开的 2017—2018 年决算数据整理所得。

4.2.5　高校办学经费融资结构区域差异性分析

上文系统地分析了不同地区高校办学经费融资结构，从中可以看出：结构最为合理的地区是东部地区，其财政拨款所占的比例适中，而占比更大的是事业收入。西部地区的结构是较为合理的，虽然对财政拨款的依赖程度较高，事业收入不如东部地区高，但是事业收入在全国仍能保持一个较高的水平。中部地区的结构是欠合理的，其对财政拨款的依赖程度较高，事业收入占比不如东部、西部地区高，但是科研事业收入在全国仍能保持一个较高的水平。东北地区对财政拨款的依赖程度是相当高的，财政拨款已经成为高校办学经费的一个主要部分，事业收入占比相对东部、西部地区来说较低，且科研事业收入占比是全国最低的，这种经费结构是最不合理的。事业收入的总量和占比提升应作为未来高校发展的导向和目标，毕竟国家对教育的财政支出是有一定限度的。为了实现更好的发展，各高校更应该发挥带头作用，寻找新的收入增长点，多渠道融资，整体提升学校自筹经费能力，依靠自己的力量赢得更多的发展机会。同时，各个高校应通过教学、科研的影响力拉动社会捐赠收入，这不仅有利于动员更多的社会资金发展教育，还能鼓励高校更好地激励和利用优质教学、科研成果推动高校的建设和发展。

4.3　高校办学经费融资模式的比较分析

4.3.1　东部地区高校办学经费融资模式分析

东部地区高校办学经费融资基本形成了以“事业收入”为主、“财政拨款”为辅的模式。

东部地区经济本身比较发达，与其他三个地区相比，其办学质量、办学条件和基础设施都相对完善。在 76 所教育部直属高校中，东部地区共有

49 所，占教育部直属高校总数的 64. 47%，超过教育部直属高校总数量的一半。而在北京，更是高校云集，共有 24 所，占东部地区教育部直属高校数量的 48. 98%，占教育部直属高校总数量的 31. 58%。除北京以外，东部地区教育部直属高校数量最多的是上海，共计 8 所，占东部地区教育部直属高校数量的 16. 33%，占教育部直属高校总数量的 10. 53%。其次是江苏，共计 7 所，占东部地区教育部直属高校数量的 14. 29%，占教育部直属高校总数量的 9. 21%。其余高校，在天津有 2 所、河北有 1 所、山东有 3 所、浙江有 1 所、福建有 1 所、广东有 2 所。

可见，大多数高校都分布在东部地区，不管是数量还是质量都领先全国一般水平。正因为东部地区高校比较集中，各高校之间交流方便且频繁，资源共享性强，知识更新快，故北京高校的整体科研水平也是领先全国的。2018 年，东部地区高校收入结构为：事业收入占 40. 66%，财政拨款占 39. 39%，附属单位上缴收入占 0. 25%，社会捐赠收入占 1. 27%，利息收入占 1. 97%，其他收入占 16. 46%①。可见，从整体上看还是采取以“事业收入”为主、“财政拨款”为辅的形式。相应地，一些科研水平较高的学校，可为一些企业和机构提供科研服务，与其进行科研对接，其教学、科研成果的销售、租赁、转让等获得的收入也都可以为所属学校获得可观的利润。但无论如何，高等学府都仍然要以教书育人为主，同时，为了让学校更好地发展并为学生提供更一流的科研设备等，各高校实行了以科研回报社会来获得利润这一双赢的举措。北京大学、清华大学、浙江大学、复旦大学、上海交通大学、中山大学等国内一流的学府，办学经费中社会捐赠收入已占到一定比例。为了促进高校科研的发展、设备的完善，有越来越多的慈善家和科学家在为建设高水平学府而进行捐赠。以 2018 年为例，东部地区共计有 6 所高校获得的社会捐赠收入大于 6000 万元，可

① 根据东部地区教育部直属高校门户网站对外公开的 2018 年部门决算数据整理所得。

见，这部分收入在一定程度上会推动高校的发展①。

4.3.2　中部地区高校办学经费融资模式分析

中部地区高校办学经费融资模式为以“财政拨款”为主、“事业收入”为辅。

中部地区经济与东部地区相比，还有很大差距，且高校数量也较少，分布较分散。在 76 所教育部直属高校中，中部地区仅有 10 所，占教育部直属高校总数的 13. 16%。其中，湖北省高校数量最多，共计 7 所，占中部地区教育部直属高校数量的 70%，占教育部直属高校数量的 9. 21%。而其他 3 所高校分别位于安徽和湖南，分别是合肥工业大学、湖南大学、中南大学，共计占中部地区教育部直属高校数量的 30%，占教育部直属高校数量的 3. 95%。

在中部地区，高校较少，但是优质的高校竞争尤为激烈，不管是师资力量上的竞争，还是优质生源的竞争，都给各高校带来了非常大的竞争压力，所以，各高校都积极、努力地争取经费。一方面，保障师资队伍的建设和发展，吸引更多优质的学生，从而产生更多优秀的科研成果，回报社会，回报母校。另一方面，各高校将发展的目标放在积累优秀的科研成果的进步上。中部地区本身各方面基础设施较薄弱，与东部地区的差距很大，不管是在教育资源的分配上还是教师的待遇上，或者是实验设备的先进性等方面，都比较落后。但是中部地区的各个优质高校并没有通过提高教育收费而增加收入，反而是它们的科研成果近几年有了较大的提升，科研所带来的经济利益也在增加。有数据显示，武汉大学、华中师范大学、华中农业大学、中南财经政法大学、武汉理工大学、华中科技大学、中国地质大学等 7 所高校 2016 年的全社会平均科研贡献率为 35%，科研补助拨

① 根据东部地区教育部直属高校门户网站对外公开的 2018 年部门决算数据整理所得。

款、科研事业收入相对较高，在全国所有高校中属于中高水平。

4.3.3 西部地区高校办学经费融资模式分析

西部地区的高校办学经费融资模式可以概括为以“财政拨款”为主、“事业收入”为辅，同时辅以“财政补贴和鼓励政策”。

西部地区经济在全国范围内是较落后的，但是其教育资源尚属丰厚，教育部直属的高校数量达到了12所。在76所教育部直属高校中，西部地区的高校占教育部直属高校总数量的15.79%。其中，陕西省共计5所，包括长安大学、西安交通大学、西北农林科技大学、陕西师范大学、西安电子科技大学，占西部地区教育部直属高校数量的41.67%，占教育部直属高校总数量的6.58%。数量居第二的是四川省，共计4所高校，即四川大学、西南交通大学、电子科技大学和西南财经大学，占西部地区教育部直属高校数量的33.33%，占教育部直属高校总数量的5.26%。另外，重庆市有2所，即重庆大学、西南大学；甘肃有1所，即兰州大学，共计占西部地区教育部直属高校数量的25%，占教育部直属高校总数量的3.95%。西部地区高校的办学经费融资对国家财政拨款的依赖程度较高，截至2018年，西部地区高校对国家财政拨款的依赖度超过50%。

正因为西部地区的经济相对落后，所以更加需要财政的补贴和支持。财政的补贴和支持一般都用于学校的基础设施建设，如道路、宿舍、实验室、教学设备等。高校为了更好更快地发展，近些年将财政拨款的经费首先用于学生宿舍等基础设施的修缮，然后更大一部分用于教学设备和实验设备的完善与更新。国家也倡导在完善学校基础设施的基础上，积极更新实验设备，让高校能更好地进行科研，为社会和祖国输送更多优秀的人才和尖端的具有极强竞争力的科研成果。

国家鼓励西部地区的主要政策，一方面是财政的补贴，另一方面是人才的输送。在财政政策方面，国家对西部地区进行适当的倾斜，不仅包括对其高校师资力量、教学设备等基础设施建设的投入，还包括对优秀科研成果的资金奖励。在人才建设方面，国家鼓励全国各地区的优秀人才到西部地区支教，留在西部地区任教，为西部地区输送人才，保障西部地区高校的建设和发展。

4.3.4 东北地区高校办学经费融资模式分析

东北地区高校办学经费融资模式为以“财政拨款”为主、“事业收入”为辅，同时辅以“其他途径或形式的财政支持或补助收入”。

东北地区属于偏远地区，部分城市的GDP远远落后于全国平均水平，教育水平也明显落后于其他地区。东北地区教育部直属的高校数量最少，仅有5所，占教育部直属高校总数量的6.58%。其中，辽宁省有2所高校，为东北大学和大连理工大学；吉林省有2所高校，为吉林大学和东北师范大学；黑龙江省有1所高校，为东北林业大学。虽然国家财政拨款的总额在不断增长，可是东北地区仅有的5所高校可能获得的财政拨款增量也是十分有限的。当然，东北地区的几所高校仍然对财政拨款的依赖性极高，不管是学校教学楼建设、宿舍建设，还是实验室建设，大多都依赖财政拨款。

国家在进行教育资源分配时，除了考虑补助一些贫困地区以外，更多的经费用于能为国家贡献数量多、质量优的人才和科研成果的地区与高校。这不免会使很多高校陷入不良循环，即没有财政拨款的支持，就无法更新实验设备、引进高端人才，进行专业的科研建设，当然，也就无法提供科研成果。东北地区便曾经存在这种情况，其本身经济发展缓慢，师资力量较薄弱，优质的生源会流向东部地区，无法获得人才，也无法获得财政拨款，导致东北地区高校的发展曾经停滞不前。但在此逆境中，各高校也纷纷投入科研建设，希望为东北地区培养人才、为地区或国家的科研建设做贡献，同时，也希望得到国家科研经费的支持。

东北地区科研事业收入和科研补助拨款的占比还是很少的，为了加大科研经费投入，很多高校选择与地方政府合作，进行一系列的工作对接。对于一些特定的项目，政府会采取招标的形式与高校而非与企业合作，这也增加了高校科研经费。

4.3.5 高校办学经费融资模式的区域差异分析

综上所述，东部地区高校办学经费融资模式是最优的，采取以“事业收入”为主、“财政拨款”为辅的形式；而中部地区恰恰相反，采取以“财政拨款”为主、“事业收入”为辅的形式；西部地区采取以“财政拨款”为主、“事业收入”为辅，同时辅以“财政补贴和鼓励政策”的形式；东北地区则采取以“财政拨款”为主、“事业收入”为辅，同时辅以“其他途径或形式的财政支持或补助收入”的形式。这种差异性来源于经济水平发展的参差不齐，同时存在很多历史遗留问题和学校间的差异。一方面，东部地区经济发展和城市基础设施建设情况较好，所以其高校建设基础条件较优厚。其不仅对财政拨款依赖性较小，不超过 40%，而且事业收入稳定，占比也较高，超过 40%。相应地，其资金融资也较其他经济不发达地区的高校容易得多。另一方面，学校本身的发展也对办学经费融资具有很大的影响。学校的科研能力强弱、教师梯队能力建设，最重要的是实验室科研设备的更新和完善，都会对事业收入产生巨大的影响。同时，科研能力的强弱也会影响社会上一些企业和慈善家的捐赠意愿，如果高校科研能力较强，可能会更容易赢得企业家或慈善家对学生的资助、对高校实验室建设等方面经费的支持。未来，无论是经济发达的东部地区的高校，还是欠发达地区的西部地区、中部地区和东北地区的高校，经费融资必须要向多元化发展，要建设以“事业收入”为主的融资渠道。

第5章　高校办学经费融资水平的评价指标体系构建及评价

通过对高校办学经费不同时期、不同区域的融资总量、结构及模式的比较分析，发现我国高校融资的特点、主要渠道、存在的问题及各区域之间的差异。本章结合前文分析，构建了高校融资水平评价指标体系，进而对全国及东部地区、中部地区、西部地区及东北地区高校融资水平进行了评价。

5.1　高校办学经费融资水平的评价指标体系与评价方法

5.1.1　高校办学经费融资水平的评价指标体系构建的原则

5.1.1.1　科学性原则

高校办学经费融资的综合指标体系设计要符合科学性原则，要在理论上站得住，在概念内涵及基本逻辑上科学合理。各个子指标设计也要充分贯彻科学性原则。

5.1.1.2　综合性原则

高校办学经费融资水平并不是单一指标就能反映的，要综合考虑各种影响因素，充分考虑高校办学经费融资渠道的各个环节，在综合性原则下，设计符合本书研究的指标体系，综合反映高校办学经费融资的水平。

5.1.1.3 简洁性原则

指标设计要遵循简洁性原则，越简洁越好，这样才能保证一手数据资料的可获取性，保证实证分析能够顺利开展。

5.1.1.4 数据的可获得性原则

指标的设计要符合数据的可获得性原则，要切合实际，相关数据可以在76所教育部直属高校门户网站上获取，为本书实证分析提供原始数据支撑。

5.1.2 高校办学经费融资水平的评价指标体系

本书结合前文对高校融资等相关定义分析，以及76所教育部直属高校决算数据对外公开口径，按照本书实际需要，在遵循评价指标体系构建原则的基础上，按照目标层、准则层和指标层的结构构建教育部直属高校办学经费融资绩效的评价指标体系，为后文实证分析提供基础。其中，目标层为高校办学经费融资水平；准则层则包括内源性融资（内部融资）和外源性融资（外部融资）；指标层包含教育事业收入、科研事业收入、附属单位上缴收入、利息收入、教育补助拨款、科研补助拨款、其他补助拨款、社会捐赠收入和其他收入9个指标（见表5.1）。

表5.1 高校办学经费融资水平评价指标

目标层	准则层	指标层		属性
高校办学经费融资水平	内源性融资 *A*1	教育事业收入	*X*1	正向
		科研事业收入	*X*2	正向
		附属单位上缴收入	*X*3	正向
		利息收入	*X*4	正向
	外源性融资 *A*2	教育补助拨款	*X*5	正向
		科研补助拨款	*X*6	正向
		其他补助拨款	*X*7	正向
		社会捐赠收入	*X*8	正向
		其他收入	*X*9	正向

资料来源：笔者自制。

5.1.3　评价对象及数据来源

本书的评价对象主要是高校办学经费融资水平，数据主要来源于 76 所教育部直属高校 2014—2018 年对外公开决算数据，数据资料具有可复查性。

5.1.4　评价方法与选择

本书引入熵值法、变异系数法以及灰色关联度分析法对高校办学经费融资水平进行实证分析。一是通过熵值法和变异系数法分别确定评价指标体系中各指标的权重；二是求二者权重的综合权重作为各个指标的最终权重；三是通过灰色关联度分析法计算 2014—2018 年 76 所教育部直属高校办学经费融资水平得分以及各个维度指数，并展开综合评价分析。

5.1.4.1　熵值法

在进行评价之前，需要先对数据进行无量纲化，再对指标进行赋权。为了能得到较为客观的权重，在本书的研究中，指标的客观权重采用熵值法进行计算，计算原理如下：

（1）在计算各指标权重前，需将其进行标准化处理：

当指标为正向指标时，其标准化公式为：

$$x'_{ij}=\frac{X_{ij}-X_j^{\min}}{X_j^{\max}-X_j^{\min}}$$

当指标为负向指标时，其标准化公式为：

$$x'_{ij}=\frac{X_j^{\max}-X_{ij}}{X_j^{\max}-X_j^{\min}}$$

（2）为消除负值进行平移处理：

一些指标数值在进行标准化处理后，可能会出现数值较小或为负值的情况，为了计算的统一与方便，需将标准化后的数值进行平移处理，从而消除上述情况。公式为：

$$x''_{ij}=H+x'_{ij}$$

其中，H 为指标平移的幅度，一般取 1。

（3）利用比重法对数据进行无量纲化：

$$y_{ij}=\frac{x''_{ij}}{\sum_{i=1}^{n}x''_{ij}}$$

（4）计算第 j 个指标的熵值：

$$e_j=-\frac{1}{\ln n}\sum_{i=1}^{n}y_{ij}\ln y_{ij}(i=1,\ 2,\ \cdots,\ n)$$

（5）第 j 个指标的差异系数为：

$$g_j=1-e_j\ (j=1,\ 2,\ \cdots,\ p)$$

（6）第 j 个指标的权重为：

$$v_j=\frac{g_j}{\sum_{j=1}^{p}g_j}(j=1,\ 2,\ \cdots,\ p)$$

5.1.4.2 变异系数法

变异系数法的主要计算原理如下：

（1）数据的标准化处理，公式为：

$$Y_{ij}=\frac{X_{ij}-X_j^{\min}}{X_j^{\max}-X_j^{\min}}$$

（2）计算各指标的平均数 Y_j 和标准差 S_j：

$$Y_j=\frac{1}{n}\sum_{i=1}^{n}Y_{ij}\ (j=1,\ 2,\ \cdots,\ m)$$

$$S_j=\sqrt{\frac{1}{n-1}\sum_{i=1}^{n}(Y_{ij}-Y_j)^2}\ (j=1,\ 2,\ \cdots,\ m)$$

（3）计算各指标的变异系数 V_j 和权重 W_j：

$$V_j=\frac{S_j}{Y_j}\ (j=1,\ 2,\ \cdots,\ m)$$

$$W_j = \frac{V_j}{\sum_{j=1}^{m} V_j} \quad (j=1, 2, \cdots, m)$$

（4）在此基础上，结合熵值法和变异系数法计算指标的综合权重，具体公式为：

$$\lambda_j = \frac{W_j v_j}{\sum_{j=1}^{n} W_j v_j}$$

其中，v_j 是用熵值法求得的指标权重，W_j 是用变异系数法求得的指标权重，λ_j 是综合权重。

5.1.4.3 灰色关联度分析法

灰色系统理论是由邓聚龙先生提出的，包含了很多内容，其中，灰色关联度分析法由于对样本量的数量没有过多要求而在近年来被广泛使用。具体的计算原理如下：

（1）原始数据的初始化。

为了使其具有可比性，在灰色关联度分析法的运用中，一般都要进行数据的无量纲化处理，消除各个数据的有效因素，使之化为统一衡量尺度下的标准化数量级无量纲数据，方便对各个指标进行比较分析。因此，在进行后续的分析前，需要对比较数列和参考数列进行无量纲化。

当指标为正向指标时，其标准化公式为：

$$x'_{ij} = \frac{X_{ij} - X_j^{\min}}{X_j^{\max} - X_j^{\min}}$$

当指标为负向指标时，其标准化公式为：

$$x'_{ij} = \frac{X_j^{\max} - X_{ij}}{X_j^{\max} - X_j^{\min}}$$

（2）计算比较数列和参考数列的绝对差值：

$$\Delta_{oi}(k) = |x_0(k) - x_i(k)| \quad (i=1, 2, \cdots, m; k=1, 2, \cdots, n)$$

比较数列是指影响系统行为的因素组成的数据序列，它是用每个被评价对象的评价指标取值进行构建的。

参考数列是从评价指标的归一化数据各个取值中选择最优值构建的数据序列。当被评价的指标是正向指标时，它的值越大越好，此时最优指标值为各指标的最大值；当被评价的指标是负向指标时，它的值越小越好，此时最优指标值为各指标的最小值。

（3）计算指标体系的灰色关联系数。

灰色关联系数是灰色理论中关联性的表现形式。关联性实质上指的是曲线之间几何形状的差别程度，因而可以将曲线之间的差值大小作为衡量关联程度的尺寸。在灰色关联度分析法中，关联系数就是参考数列和比较数列在各个时点之间的几何距离，它的值越大，表示两个指标数列在对应指标上的相互关联程度越大。其计算公式如下：

$$r_{oi}(j)=\frac{\min\Delta_{0i}(j)+\rho\max\Delta_{0i}(j)}{\Delta_{0i}(j)+\rho\max\Delta_{0i}(j)}\quad(0<\rho<1)$$

其中，ρ 为常数，通常情况下 ρ 取 0.5，本书中 $\rho=0.5$。

（4）计算灰色关联度并排列关联序。

因为关联系数就是参考数列和比较数列的关联程度，且是不同时点上的关联程度，因此关联系数不止一个，且分布分散，无法进行统一的比较。灰色关联度就是把这些关联系数集中起来，通过一定的方法求得的值，它可以从总体上反映评价指标数列的关联程度。灰色关联度的值越大越好。

灰色关联系数与组合权重进行加权平均得到综合灰色关联度的计算公式为：

$$r_{oi}=\sum_{j=1}^{p}\lambda_j r_{oi}(j)\,(i=1,\ 2,\ \cdots,\ p)$$

其中，λ_j 是综合权重；$r_{oi}(j)$ 代表灰色关联系数。

5.1.4.4　评价与选择

熵值法是一种客观赋权的方法。相比传统的专家打分等主观赋权方法，熵值法能够客观、准确地判断某个指标的离散程度，离散程度越大，说明该指标对综合评价的影响越大，即权重越大，从而提高实证分析的说服力。变异系数是标准差与平均数的比值，可消除单位或平均数不同对两个或多个资料变异程度比较的影响，变异系数法是一种客观赋权的方法。灰色关联度分析法是一种相对简单、可靠的实证分析方法，能够简化运算难度，对样本量的多少没有过多要求，能够对所研究的对象进行准确、客观的评价。

基于此，本书选择熵值法、变异系数法和灰色关联度分析法对高校办学经费融资水平进行综合评价。其中，选择熵值法和变异系数来计算指标综合权重，能够更好地反映指标对综合评价结果的影响；选择灰色关联度分析法能够更加便捷、精准地得到所要研究的对象的综合得分情况，从而方便实证结果分析。

5.2　全国层面高校办学经费融资水平分析

5.2.1　全国层面高校办学经费内源性融资水平分析

从全国层面高校办学经费内源性融资指数得分情况来看（见图 5.1），2018 年全国层面高校办学经费内源性融资水平指数得分为 0.369225 分，与 2017 年相比下降 0.11%，与 2014 年相比则增加 1.84%。从 2014—2018 年全国高校办学经费内源性融资指数得分情况来看，2014—2015 年全国高校办学经费内源性融资指数得分呈下降趋势，2015—2017 年则呈上升趋势，2017—2018 年小幅下滑，这也直接或间接体现出全国层面高校办学经费融资渠道中内源性融资水平呈现先降后升再降的趋势，科研事业收入、教育事业收入、附属单位上缴收入、利息收入等内源性融资水平也呈现出相应的变化。

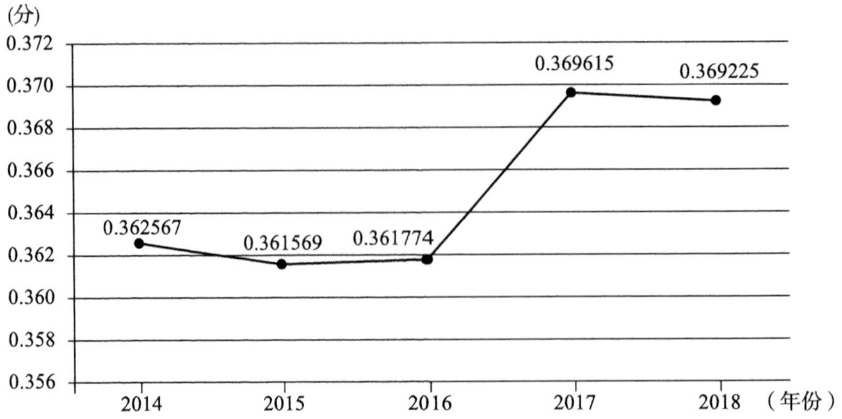

图 5.1　2014—2018 年全国层面高校办学经费内源性融资指数得分情况

数据来源：笔者整理计算所得。

5.2.2　全国层面高校办学经费外源性融资水平分析

从全国层面高校办学经费外源性融资指数得分情况来看（见图 5.2），2018 年全国层面高校办学经费外源性融资指数得分为 0.373132 分，与 2017 年相比增加了 0.55%，与 2014 年相比增加了 2.30%。可见，2014—2018 年全国层面高校办学经费外源性融资指数得分总体上呈现上升态势，其中，2014—2015 年全国层面高校办学经费外源性融资水平呈上升趋势，2015—2016 年呈下降趋势，以 2016 年为拐点，2016—2018 年全国层面高校办学经费外源性融资指数得分呈上升趋势，说明这一时期全国高校办学经费外源性融资水平总体上呈上升趋势，外源性融资有利于整体融资水平的提升。与之相应的是，财政拨款、社会捐赠收入、其他收入等外源性融资渠道所获得的资金体量也进一步增加，加快了高校办学经费融资。

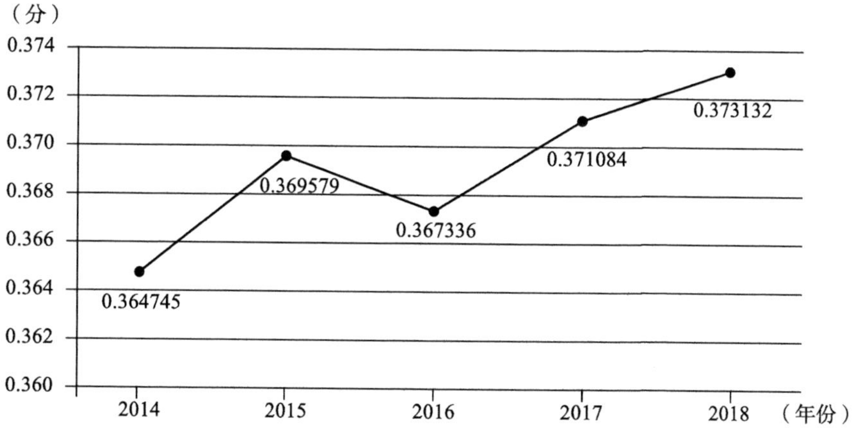

图 5.2　2014—2018 年全国层面高校办学经费外源性融资指数得分情况

数据来源：笔者整理计算所得。

5.2.3　全国层面高校办学经费综合融资水平分析

从全国层面高校办学经费综合融资指数得分情况来看（见图 5.3），2018 年全国层面高校办学经费综合融资指数得分为 0.367013 分，与 2017 年相比增加了 0.18%，与 2014 年相比增加了 1.62%，可见，2014—2018 年全国高校办学经费综合融资指数得分总体上呈上升趋势，体现出这一时期高校办学经费融资水平不断提升，有利于加快全国层面高校办学经费融资，满足办学资金需求，提高融资绩效。从阶段变化情况来看，2014—2015 年全国层面高校办学经费综合融资指数得分呈增长趋势，2015—2016 年则呈下降趋势，2016—2018 年又呈现出增长趋势，这反映了全国层面高校办学经费综合融资水平变化情况，体现出全国层面高校办学经费综合融资水平持续提升。

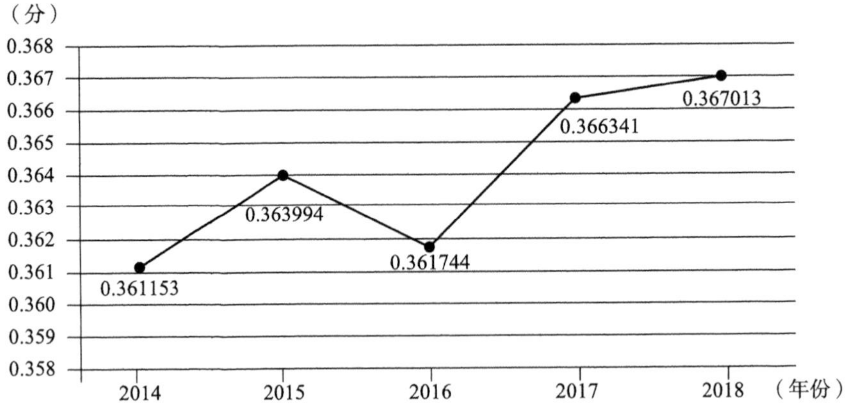

图 5.3　2014—2018 年全国层面高校办学经费综合融资指数得分情况

数据来源：笔者整理计算所得。

5.3　基于区域分布的高校办学经费融资水平评价分析

5.3.1　东部地区高校办学经费融资水平评价

5.3.1.1　东部地区高校整体办学经费融资水平分析

东部地区高校办学经费融资水平呈现出持续增长的态势（见图 5.4）。从内源性融资（内部融资）得分情况来看，2018 年东部地区高校办学经费的内源性融资指数得分为 0.396856 分，同比增加 2.68%，与 2014 年相比增加了 5.28%。可见，2014—2018 年东部地区高校办学经费内源性融资水平先下降再上升，这也直接或间接反映出东部地区高校教育事业收入、科研事业收入、附属单位上缴收入以及利息收入等内源性融资规模和融资水平在不断提升，有利于加快东部地区高校办学经费融资，提高其办学质量。从外源性融资（外部融资）得分情况来看，2018 年东部地区高校办学经费外源性融资指数得分为 0.394794 分，与 2017 年相比增加了 1.55%，与 2014 年相比增加了 5.70%，2014—2018 年东部地区高校办学经费外源性融资水平呈现先升后降再升的趋势，总体上呈上升趋势，这也直接或间接反映出东部地区高校的财政拨款、社会捐赠收入、其他收入等外源性融资体量在不断增加，外源性融资水平在持续提升。从综合得分情况来看，综合得分高反映出其办学经费融资的整体水平高。2018年东部地区高校办学经费融资的综合指数得分为0.389655分，与2017年相比增加了1.99%，与2014年相比增加了4.76%，2014—2018年东部地区高校办学经费融资水平呈现先升后降再升的趋势，总体上呈现上升趋势，体现出东部地区高校办学经费融资体量和质量都在持续增长。

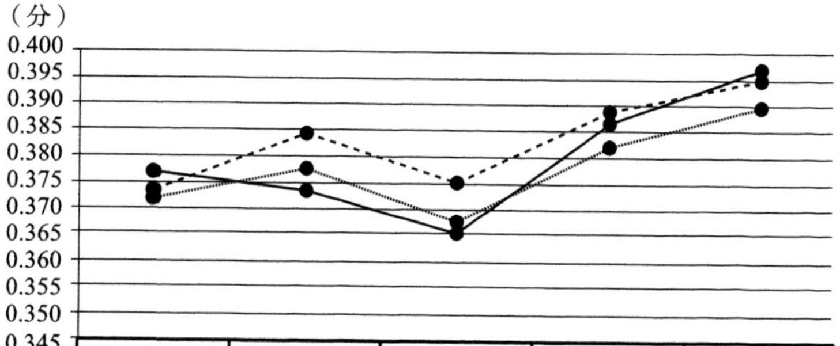

	2014	2015	2016	2017	2018
内部融资	0.376955	0.373476	0.365492	0.386513	0.396856
外部融资	0.373501	0.384326	0.375163	0.388773	0.394794
综合得分	0.371938	0.377667	0.36771	0.382062	0.389655

（年份）

图5.4 2014—2018年东部地区高校整体办学经费融资水平

数据来源：笔者整理计算所得。

5.3.1.2 东部地区各省（市）高校办学经费融资水平分析

从内源性融资指数得分情况来看（见表5.2），2018年北京高校办学经费内源性融资指数得分为0.397684分，同比增加13.30%，与2014年相比增加了10.80%，2014—2018年北京高校办学经费内源性融资水平呈现先下降后上升再下降再上升的趋势。2018年天津高校办学经费内源性融资指数得分为0.376284分，同比下降26.85%，与2014年相比增加了

5.85%，2014—2018年天津高校办学经费内源性融资水平呈现先下降后上升再下降的趋势。2018年河北高校办学经费内源性融资指数得分为0.350241分，与2017年相比下降了7.65%，内源性融资水平有所下滑，与2014年相比增加了3.50%，2014—2018年河北高校办学经费内源性融资水平总体上呈波动上升趋势。2018年上海高校办学经费内源性融资指数得分为0.362385分，同比下降10.92%，与2014年相比下降了3.08%，2014—2018年上海高校办学经费内源性融资水平呈先下降后上升再下降的趋势。2018年江苏高校办学经费内源性融资指数得分为0.352882分，同比下降9.23%，与2014年相比增加了1.46%，2014—2018年江苏高校办学经费内源性融资水平呈先上升后下降的趋势。2018年浙江高校办学经费内源性融资指数得分为0.538219分，同比增加56.08%，与2014年相比增加了23.21%，2014—2018年浙江高校办学经费内源性融资水平呈先下降后上升的趋势。2018年福建高校办学经费内源性融资指数得分为0.382788分，同比增加6.63%，与2014年相比增加了2.11%，2014—2018年福建高校办学经费内源性融资水平呈先上升后下降再上升的趋势。2018年山东高校办学经费内源性融资指数得分为0.413542分，同比增加14.42%，较2014年增加了5.43%，2014—2018年山东高校办学经费内源性融资水平呈先下降后上升的趋势。2018年广东高校办学经费内源性融资指数得分为0.397684分，同比增加6.58%，与2014年相比下降了3.97%，2014—2018年广东高校办学经费内源性融资水平呈先下降后上升的态势。从2018年东部地区各省（市）高校办学经费内源性融资指数得分排名情况来看，浙江排名第 ，山东排名第二，北京和广东并列第三，福建排名第五，天津排名第六，上海排名第七，江苏排名第八，河北排名第九。

表 5.2　2014—2018 年东部地区各省（市）高校办学经费内源性融资指数得分情况

单位：分

省份	2014 年	2015 年	2016 年	2017 年	2018 年
北京	0.358910	0.356407	0.361133	0.351000	0.397684
天津	0.355499	0.338465	0.374639	0.514397	0.376284
河北	0.338382	0.369909	0.349015	0.379238	0.350241
上海	0.373892	0.348373	0.391207	0.406825	0.362385
江苏	0.347813	0.448196	0.390396	0.388778	0.352882
浙江	0.436846	0.369033	0.344726	0.344826	0.538219
福建	0.374886	0.393903	0.357042	0.359002	0.382788
山东	0.392239	0.386734	0.356782	0.361406	0.413542
广东	0.414129	0.350261	0.364485	0.373143	0.397684

数据来源：笔者整理计算所得。

从外源性融资指数得分情况来看（见表 5.3），2018 年北京高校办学经费外源性融资指数得分为 0.405830 分，同比增加 12.87%，与 2014 年相比增加了 13.13%，2014—2018 年北京高校办学经费外源性融资水平呈先升后降再升的趋势。2018 年天津高校办学经费外源性融资指数得分为 0.405813 分，同比下降 12.75%，与 2014 年相比增加了 9.36%，2014—2018 年天津高校办学经费外源性融资水平呈现先降后升再降的趋势。2018 年河北高校办学经费外源性融资指数得分为 0.364328 分，与 2017 年相比下降了 7.93%，外源性融资水平有所下滑，与 2014 年相比增加了 8.57%，2014—2018 年河北高校办学经费外源性融资水平总体上呈波动上升的趋势。2018 年上海高校办学经费外源性融资指数得分为 0.372309 分，同比下降 7.38%，与 2014 年相比增加了 3.86%，2014—2018 年上海高校办学经费外源性融资水平呈先降后升再降的趋势。2018 年江苏高校办学经费外源性融资指数得分为 0.360950 分，同比下降 10.09%，与 2014 年相比增加了 1.70%，2014—2018 年江苏高校办学经费外源性融资水平呈波动上升的趋势。2018 年浙江高校办学经费外源性融资指数得分为 0.460926 分，同比增加 30.88%，与 2014 年相比增加了 2.91%，2014—2018 年浙江高校办学经费外源性融资水平呈先降后升的态势。2018 年福建高校办学经费外源性融资指数得分为 0. 377452 分，同比下降 1. 86%，与 2014 年相比增加了 1. 29%，2014—2018 年福建高校办学经费外源性融资水平总体呈波动上升的趋势。2018 年山东高校办学经费外源性融资指数得分为 0. 399711 分，同比增加 7. 61%，与 2014 年相比增加了 4. 20%，2014—2018 年山东高校办学经费外源性融资水平总体上呈先升后降再升的趋势。2018 年广东高校办学经费外源性融资指数得分为 0. 405830 分，同比增加 10. 60%，与 2014 年相比增加了 7. 19%，2014—2018 年广东高校办学经费外源性融资水平呈先降后升的趋势。从 2018 年东部地区各省（市）高校办学经费外源性融资指数得分排名情况来看，浙江排名第一，北京和广东并列第二，天津排名第四，山东排名第五，福建排名第六，上海排名第七，河北排名第八，江苏排名第九。

表 5. 3　2014—2018 年东部地区各省（市）高校办学经费外源性融资指数得分情况

单位：分

省份	2014 年	2015 年	2016 年	2017 年	2018 年
北京	0. 358719	0. 378548	0. 380071	0. 359560	0. 405830
天津	0. 371086	0. 335813	0. 371231	0. 465093	0. 405813
河北	0. 335564	0. 366773	0. 358513	0. 395723	0. 364328
上海	0. 358480	0. 357638	0. 404578	0. 401963	0. 372309
江苏	0. 354916	0. 485070	0. 397259	0. 401449	0. 360950
浙江	0. 447893	0. 389899	0. 351107	0. 352179	0. 460926
福建	0. 372641	0. 397962	0. 378583	0. 384618	0. 377452
山东	0. 383611	0. 398331	0. 368304	0. 371450	0. 399711
广东	0. 378601	0. 348897	0. 366816	0. 366919	0. 405830

数据来源：笔者整理计算所得。

从综合融资指数得分情况来看（见表 5. 4），2018 年北京高校办学经费综合融资指数得分为 0. 399073 分，同比增加 12. 81%，与 2014 年相比增加了 11. 48%，2014—2018 年北京高校办学经费综合融资水平呈先升后降再升的趋势。2018 年天津高校办学经费综合融资指数得分为 0.387927 分，同比下降 17.57%，与 2014 年相比增加了 7.26%，2014—2018 年天津高校办学经费综合融资水平呈现先降后升再降的趋势。2018 年河北高校办学经费综合融资指数得分为 0.355941 分，与 2017 年相比下降了 6.62%，综合融资水平有所下滑，与 2014 年相比增加了 5.99%，2014—2018 年河北高校办学经费综合融资水平总体上呈波动上升的趋势。2018 年上海高校办学经费综合融资指数得分为 0.363314 分，同比下降 8.54%，与 2014 年相比增加了 0.64%，2014—2018 年上海高校办学经费综合融资水平呈现先降后升再降的趋势。2018 年江苏高校办学经费综合融资指数得分为 0.355301 分，同比下降 9.38%，与 2014 年相比增加了 1.46%，2014—2018 年江苏高校办学经费综合融资水平呈波动上升的趋势。2018 年浙江高校办学经费综合融资指数得分为 0.475945 分，同比增加 37.13%，与 2014 年相比增加了 10.11%，2014—2018 年浙江高校办学经费综合融资水平总体上呈先降后升的趋势。2018 年福建高校办学经费综合融资指数得分为 0.372196 分，同比增加 0.36%，与 2014 年相比增加了 1.41%，2014—2018 年福建高校办学经费综合融资水平呈先升后降再升的趋势。2018 年山东高校办学经费综合融资指数得分为 0.398126 分，同比增加 9.86%，较 2014 年增加了 3.62%，2014—2018 年山东高校办学经费综合融资水平总体上呈先升后降再升的趋势。2018 年广东高校办学经费综合融资指数得分为 0.399073 分，同比增加 9.83%，与 2014 年相比增加了 0.45%，2014—2018 年广东高校办学经费综合融资水平呈先降后升的趋势。从 2018 年东部地区各省（市）高校办学经费综合融资指数得分排名情况来看，浙江排名第一，北京和广东并列第二，山东排名第四，天津排名第五，福建排名第六，上海排名第七，河北排名第八，江苏排名第九。

表 5.4 2014—2018 年东部地区各省（市）高校办学经费综合融资指数得分情况

单位：分

省份	2014 年	2015 年	2016 年	2017 年	2018 年
北京	0.357967	0.366886	0.367918	0.353762	0.399073
天津	0.361677	0.336165	0.368748	0.470587	0.387927
河北	0.335837	0.364290	0.352701	0.381189	0.355941
上海	0.361015	0.352156	0.394917	0.397230	0.363314
江苏	0.350175	0.468132	0.390376	0.392094	0.355301
浙江	0.432247	0.375082	0.346352	0.347069	0.475945
福建	0.367026	0.395203	0.367085	0.370875	0.372196
山东	0.384223	0.392847	0.359828	0.362402	0.398126
广东	0.397272	0.348241	0.361465	0.363348	0.399073

数据来源：笔者整理计算所得。

5.3.1.3 东部地区各高校办学经费融资水平分析

从内源性融资指数得分情况来看（见表 5.5），相比 2017 年，2018 年东部地区各高校内源性融资指数得分呈下降趋势的有中国地质大学（北京）、中国农业大学、北京林业大学、中央美术学院、上海外国语大学、中国石油大学（华东）6 所高校，其他 43 所高校办学经费内源性融资指数得分呈上升趋势，说明这 43 所高校教育事业收入、科研事业收入、附属单位上缴收入及利息收入等内源性融资规模不断扩大，融资质量和效益不断提高，有利于进一步提升其办学质量。而从内源性融资指数得分排名情况来看，2018 年东部地区各高校办学经费内源性融资指数得分排名前 10 的高校是：清华大学、上海交通大学、北京师范大学、浙江大学、北京大学、中国人民大学、复旦大学、中山大学、北京外国语大学、山东大学。

表 5.5 2014—2018 年东部地区各高校办学经费内源性融资指数得分情况

单位：分

东部地区高校	2014 年	2015 年	2016 年	2017 年	2018 年
北京大学	0.434253	0.432115	0.436673	0.441419	0.459435
中国人民大学	0.373060	0.379978	0.388998	0.398653	0.432845

续表

东部地区高校	2014 年	2015 年	2016 年	2017 年	2018 年
清华大学	0. 472163	0. 518022	0. 536069	0. 660010	0. 724320
北京科技大学	0. 350205	0. 352108	0. 362135	0. 351706	0. 355953
北京化工大学	0. 340096	0. 347777	0. 341645	0. 342788	0. 343291
北京中医药大学	0. 338606	0. 356654	0. 357236	0. 356583	0. 367613
北京师范大学	0. 422097	0. 494320	0. 399447	0. 417555	0. 586626
北京外国语大学	0. 377991	0. 393891	0. 407499	0. 404624	0. 409988
北京语言大学	0. 342259	0. 341317	0. 341616	0. 344077	0. 344462
中国石油大学（北京）	0. 350135	0. 348999	0. 344186	0. 347138	0. 348270
北京邮电大学	0. 352169	0. 352047	0. 350019	0. 351248	0. 352484
中国矿业大学（北京）	0. 339807	0. 338805	0. 339705	0. 340297	0. 344322
中国地质大学（北京）	0. 341921	0. 346789	0. 343558	0. 350099	0. 347837
中国农业大学	0. 354690	0. 374877	0. 360042	0. 364527	0. 358947
北京林业大学	0. 339529	0. 340826	0. 340400	0. 417542	0. 340080
中国传媒大学	0. 349323	0. 349140	0. 352403	0. 351282	0. 358277
中央财经大学	0. 343004	0. 343437	0. 344959	0. 343936	0. 346426
中国政法大学	0. 339513	0. 339343	0. 339883	0. 342775	0. 344855
中央音乐学院	0. 334598	0. 334769	0. 334604	0. 335635	0. 337740
中央美术学院	0. 335866	0. 336748	0. 337417	0. 337208	0. 336926
中央戏剧学院	0. 333335	0. 333356	0. 333438	0. 333519	0. 333656
北京交通大学	0. 354989	0. 355753	0. 355188	0. 357573	0. 361561
对外经济贸易大学	0. 350857	0. 347174	0. 351397	0. 352539	0. 353434
华北电力大学	0. 343383	0. 343178	0. 344342	0. 344318	0. 344587
南开大学	0. 353603	0. 352535	0. 361356	0. 363469	0. 369729
天津大学	0. 357395	0. 360280	0. 360910	0. 365284	0. 367970
华北电力大学（保定）	0. 338382	0. 338465	0. 338333	0. 338389	0. 339251
复旦大学	0. 378768	0. 378443	0. 401872	0. 406691	0. 420006
上海交通大学	0. 467698	0. 485939	0. 499994	0. 595373	0. 615713
同济大学	0. 369582	0. 368753	0. 367189	0. 380624	0. 384576
华东理工大学	0. 350613	0. 350511	0. 351485	0. 351623	0. 356535
东华大学	0. 342375	0. 344411	0. 344709	0. 343494	0. 344211
上海外国语大学	0. 350651	0. 351338	0. 353667	0. 352767	0. 351606

续表

东部地区高校	2014 年	2015 年	2016 年	2017 年	2018 年
华东师范大学	0.383475	0.362043	0.367860	0.366986	0.369097
上海财经大学	0.347976	0.349282	0.346646	0.352314	0.353175
南京大学	0.362857	0.359918	0.362179	0.367595	0.369969
东南大学	0.353706	0.356514	0.356926	0.357976	0.360741
江南大学	0.348453	0.347236	0.348060	0.353011	0.354975
中国矿业大学（徐州）	0.345081	0.347522	0.344339	0.345621	0.347505
河海大学	0.344136	0.345016	0.345771	0.345779	0.348271
南京农业大学	0.342261	0.343754	0.347181	0.345926	0.347201
中国药科大学	0.338199	0.338654	0.338647	0.341093	0.341510
浙江大学	0.436846	0.448196	0.449176	0.514397	0.538219
厦门大学	0.374886	0.369033	0.370985	0.379238	0.382788
山东大学	0.376975	0.375563	0.389131	0.393855	0.397615
中国海洋大学	0.344777	0.347036	0.355519	0.350952	0.353529
中国石油大学（华东）	0.427710	0.429685	0.391226	0.395684	0.395557
中山大学	0.467674	0.408666	0.414024	0.406052	0.419665
华南理工大学	0.360584	0.364801	0.366768	0.371504	0.375703

数据来源：笔者整理计算所得。

从外源性融资指数得分情况看（见表 5.6），相比 2017 年，2018 年东部地区各高校外源性融资指数得分呈下降趋势的有北京大学、北京化工大学、中国石油大学（北京）、中国矿业大学（北京）、中央财经大学、中央戏剧学院、对外经济贸易大学、天津大学、复旦大学、华东师范大学、上海财经大学、南京大学、浙江大学、厦门大学、中国海洋大学、华南理工大学 16 所高校，其他 33 所高校办学经费外源性融资指数得分呈上升趋势，说明这 33 所高校财政拨款、社会捐赠收入及其他收入等外源性融资规模不断扩大，融资质量和效益不断提升。而从外源性融资指数得分排名情况来看，2018 年东部地区各高校办学经费外源性融资指数得分排名前 10 的高校是：清华大学、北京大学、浙江大学、上海交通大学、中山大学、山东大学、复旦大学、南开大学、同济大学、南京大学。

表 5.6　2014—2018 年东部地区各高校办学经费外源性融资指数得分情况

单位：分

东部地区高校	2014 年	2015 年	2016 年	2017 年	2018 年
北京大学	0.462507	0.498957	0.513971	0.646531	0.588461
中国人民大学	0.371635	0.375755	0.377703	0.382208	0.384482
清华大学	0.544160	0.743502	0.724018	0.651465	0.740983
北京科技大学	0.355866	0.371422	0.359577	0.360328	0.361458
北京化工大学	0.346771	0.353468	0.360319	0.359266	0.357611
北京中医药大学	0.340741	0.343186	0.341654	0.343324	0.345459
北京师范大学	0.367697	0.377221	0.381809	0.383000	0.386628
北京外国语大学	0.338989	0.338699	0.339538	0.340308	0.340629
北京语言大学	0.339241	0.338318	0.339682	0.339265	0.340159
中国石油大学（北京）	0.341767	0.342279	0.343816	0.345348	0.343491
北京邮电大学	0.349167	0.349458	0.349792	0.351003	0.352419
中国矿业大学（北京）	0.338804	0.340770	0.338782	0.341043	0.340640
中国地质大学（北京）	0.346773	0.343781	0.342102	0.344268	0.344888
中国农业大学	0.359819	0.361268	0.361917	0.360883	0.370008
北京林业大学	0.341602	0.342242	0.342843	0.343561	0.343827
中国传媒大学	0.341051	0.342528	0.342474	0.343218	0.343434
中央财经大学	0.339315	0.340552	0.340172	0.342079	0.341838
中国政法大学	0.340699	0.342731	0.343072	0.342822	0.344972
中央音乐学院	0.336959	0.335699	0.335385	0.335943	0.336155
中央美术学院	0.336068	0.337156	0.338107	0.337599	0.338564
中央戏剧学院	0.334278	0.335586	0.334419	0.334984	0.334904
北京交通大学	0.351009	0.361381	0.353530	0.354962	0.355065
对外经济贸易大学	0.342563	0.342493	0.342928	0.344470	0.344375
华北电力大学	0.341765	0.341360	0.341305	0.342414	0.343267
南开大学	0.364677	0.370256	0.374836	0.376842	0.397480
天津大学	0.377495	0.386839	0.385307	0.407031	0.386652
华北电力大学（保定）	0.335564	0.335813	0.336416	0.337051	0.337081
复旦大学	0.369340	0.395652	0.402808	0.413524	0.413384
上海交通大学	0.404455	0.446651	0.482092	0.455355	0.458314
同济大学	0.371455	0.379952	0.381713	0.392044	0.392732

续表

东部地区高校	2014 年	2015 年	2016 年	2017 年	2018 年
华东理工大学	0.347773	0.351979	0.351534	0.350604	0.354428
东华大学	0.343151	0.347265	0.344616	0.344626	0.344769
上海外国语大学	0.337577	0.339624	0.338521	0.338612	0.341251
华东师范大学	0.355632	0.361453	0.363898	0.368170	0.361931
上海财经大学	0.338460	0.342571	0.339483	0.341191	0.341142
南京大学	0.374982	0.383525	0.384787	0.393158	0.392483
东南大学	0.370947	0.376654	0.374154	0.376195	0.377637
江南大学	0.349800	0.347960	0.350778	0.350465	0.353529
中国矿业大学（徐州）	0.348557	0.352338	0.353333	0.352358	0.352903
河海大学	0.350675	0.353049	0.352870	0.354317	0.354728
南京农业大学	0.347940	0.348778	0.350989	0.347535	0.348748
中国药科大学	0.341510	0.341162	0.342681	0.342893	0.346623
浙江大学	0.447893	0.485070	0.496471	0.465093	0.460926
厦门大学	0.372641	0.389899	0.397626	0.395723	0.377452
山东大学	0.393530	0.404751	0.411526	0.421269	0.434534
中国海洋大学	0.353272	0.358822	0.361932	0.371568	0.364321
中国石油大学（华东）	0.350719	0.351266	0.355333	0.356161	0.361323
中山大学	0.391071	0.419852	0.420885	0.425943	0.436483
华南理工大学	0.366132	0.376810	0.373634	0.376954	0.375177

数据来源：笔者整理计算所得。

从综合融资指数得分情况来看（见表 5.7），相比 2017 年，2018 年东部地区各高校综合融资指数得分下降的有北京大学、北京化工大学、中国石油大学（北京）、中国地质大学（北京）、北京林业大学、中央戏剧学院、天津大学、华东师范大学、厦门大学、中国海洋大学 10 所高校，其他 39 所高校办学经费综合融资指数得分增长，说明这 39 所高校融资规模不断扩大，融资质量和效益不断提高，有利于进一步提升其办学质量。而从综合融资指数得分排名情况来看，2018 年东部地区各高校办学经费综合融资指数得分排名前 10 的高校是：清华大学、北京大学、北京师范大学、上海交通大学、浙江大学、中山大学、山东大学、复旦大学、中国人民大学、同济大学。

表 5.7　2014—2018 年东部地区各高校办学经费综合融资指数得分情况

单位：分

东部地区高校	2014 年	2015 年	2016 年	2017 年	2018 年
北京大学	0. 440297	0. 460266	0. 467652	0. 539338	0. 519613
中国人民大学	0. 365882	0. 372920	0. 377216	0. 382058	0. 390003
清华大学	0. 513761	0. 653069	0. 651993	0. 612327	0. 677917
北京科技大学	0. 354379	0. 367301	0. 362660	0. 355546	0. 358282
北京化工大学	0. 343621	0. 352438	0. 351474	0. 350904	0. 350771
北京中医药大学	0. 339166	0. 346402	0. 344275	0. 344664	0. 348626
北京师范大学	0. 401157	0. 448308	0. 393427	0. 402241	0. 505856
北京外国语大学	0. 360322	0. 369857	0. 376904	0. 374665	0. 378305
北京语言大学	0. 339029	0. 338254	0. 339119	0. 339408	0. 340154
中国石油大学（北京）	0. 342963	0. 343580	0. 343406	0. 344765	0. 343558
北京邮电大学	0. 348221	0. 347624	0. 347174	0. 348118	0. 349408
中国矿业大学（北京）	0. 339401	0. 340109	0. 339164	0. 341198	0. 342852
中国地质大学（北京）	0. 343720	0. 343837	0. 341324	0. 344329	0. 344180
中国农业大学	0. 357092	0. 369161	0. 358217	0. 359154	0. 364221
北京林业大学	0. 339457	0. 340607	0. 340683	0. 386920	0. 340863
中国传媒大学	0. 344763	0. 345572	0. 347289	0. 346947	0. 349754
中央财经大学	0. 338994	0. 339728	0. 339975	0. 340703	0. 341206
中国政法大学	0. 338967	0. 340588	0. 340352	0. 340959	0. 342801
中央音乐学院	0. 335631	0. 334988	0. 334794	0. 335357	0. 335995
中央美术学院	0. 335593	0. 336395	0. 337060	0. 336686	0. 337237
中央戏剧学院	0. 333866	0. 334587	0. 334049	0. 334280	0. 334262
北京交通大学	0. 349857	0. 356200	0. 351082	0. 352181	0. 353592
对外经济贸易大学	0. 343374	0. 342262	0. 343624	0. 344563	0. 344763
华北电力大学	0. 341695	0. 341698	0. 341962	0. 342557	0. 343025
南开大学	0. 356273	0. 359454	0. 364042	0. 365373	0. 378038
天津大学	0. 367082	0. 374319	0. 371794	0. 382744	0. 372616
华北电力大学（保定）	0. 335837	0. 336165	0. 336317	0. 336661	0. 337003

续表

东部地区高校	2014 年	2015 年	2016 年	2017 年	2018 年
复旦大学	0. 366035	0. 381287	0. 391460	0. 400283	0. 407353
上海交通大学	0. 414440	0. 449347	0. 479240	0. 479095	0. 493135
同济大学	0. 366276	0. 371617	0. 371197	0. 383217	0. 384453
华东理工大学	0. 346748	0. 349077	0. 349076	0. 348297	0. 352253
东华大学	0. 341325	0. 344439	0. 342842	0. 342393	0. 342569
上海外国语大学	0. 344367	0. 345480	0. 346177	0. 345571	0. 346230
华东师范大学	0. 368939	0. 358571	0. 362187	0. 361945	0. 358882
上海财经大学	0. 339986	0. 342627	0. 340238	0. 342528	0. 342751
南京大学	0. 366176	0. 370916	0. 372411	0. 380449	0. 380960
东南大学	0. 362026	0. 366384	0. 364406	0. 365777	0. 367201
江南大学	0. 346910	0. 345752	0. 347331	0. 348311	0. 351020
中国矿业大学（徐州）	0. 345259	0. 348770	0. 348339	0. 347590	0. 348396
河海大学	0. 346656	0. 348426	0. 348165	0. 348878	0. 349700
南京农业大学	0. 344838	0. 345481	0. 347911	0. 344466	0. 346095
中国药科大学	0. 339357	0. 339360	0. 340347	0. 340863	0. 343734
浙江大学	0. 432247	0. 468132	0. 470012	0. 470587	0. 475945
厦门大学	0. 367026	0. 375082	0. 379139	0. 381189	0. 372196
山东大学	0. 379183	0. 384778	0. 394926	0. 398446	0. 407435
中国海洋大学	0. 347628	0. 352335	0. 356303	0. 360543	0. 357030
中国石油大学（华东）	0. 395030	0. 395689	0. 374206	0. 375385	0. 378026
中山大学	0. 433840	0. 416506	0. 414331	0. 415117	0. 428661
华南理工大学	0. 360704	0. 369188	0. 366422	0. 369070	0. 369484

数据来源：笔者整理计算所得。

5. 3. 2　中部地区高校办学经费融资水平评价

5. 3. 2. 1　中部地区高校整体办学经费融资水平分析

如图 5. 5 所示，从内源性融资（内部融资）指数得分情况来看，2018

年中部地区高校办学经费内源性融资指数得分为 0. 356499 分，同比下降 1. 53%，与 2014 年相比下降了 0. 79%，2014—2018 年中部地区高校办学经费内源性融资水平呈波动下降的趋势，说明中部地区高校教育事业收入、科研事业收入、附属单位上缴收入及利息收入等内源性融资水平在下降。从外源性融资（外部融资）指数得分情况来看，2018 年中部地区高校办学经费外源性融资指数得分为 0. 370013 分，同比增加 2. 15%，与 2014 年相比增加了 2. 13%，2014—2018 年中部地区高校办学经费外源性融资水平呈先升后降再升的态势，说明中部地区高校财政拨款、社会捐赠收入及其他收入等外源性融资水平在逐步提升。从综合融资指数得分情况来看，2018 年中部地区高校办学经费综合融资指数得分为 0. 360448 分，同比增长 0. 37%，与 2014 年相比增加了 0. 83%，2014—2018 年中部地区高校办学经费综合融资水平呈先升后降再升的趋势，为加快中部地区高校办学经费融资、提高办学水平提供了有力支持。

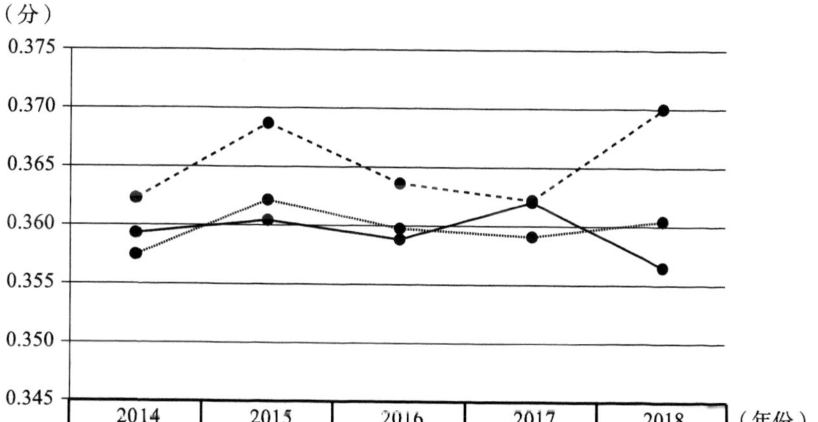

	2014	2015	2016	2017	2018
内部融资	0.359324	0.360433	0.358843	0.362041	0.356499
外部融资	0.362310	0.368694	0.363630	0.362220	0.370013
综合得分	0.357485	0.362173	0.359772	0.359109	0.360448

图 5. 5　2014—2018 年中部地区高校整体办学经费融资水平

数据来源：笔者整理计算所得。

5. 3. 2. 2 中部地区各省高校办学经费融资水平分析

从内源性融资指数得分情况来看（见图 5. 6），2018 年安徽高校办学经费内源性融资指数得分为 0. 346524 分，同比下降 5. 95%，与 2014 年相比下降了 3. 01%，2014—2018 年安徽高校办学经费内源性融资水平呈先升后降的趋势。2018 年湖北高校办学经费内源性融资指数得分为 0. 360588 分，同比下降 2. 18%，与 2014 年相比增加了 1. 15%，2014—2018 年湖北高校办学经费内源性融资水平总体呈先升后降的趋势。2018 年湖南高校办学经费内源性融资指数得分为 0. 362385 分，同比增加 3. 82%，与 2014 年相比下降了 0. 50%，2014—2018 年湖南高校内源性融资水平呈先升后降再升的趋势。从内源性融资指数得分排名情况来看，2018 年中部地区各省高校办学经费内源性融资指数得分排名由高到低分别为湖南、湖北、安徽。

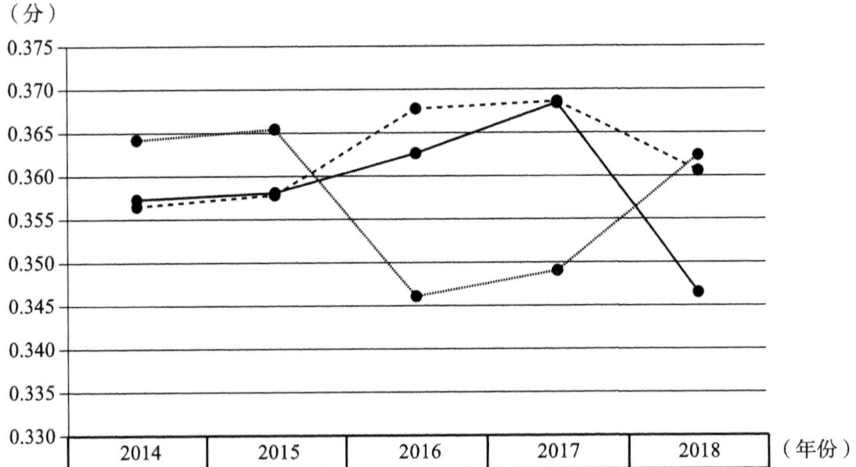

	2014	2015	2016	2017	2018
安徽	0.357290	0.358066	0.362638	0.368446	0.346524
湖北	0.356480	0.357793	0.367788	0.368617	0.360588
湖南	0.364201	0.365441	0.346103	0.349059	0.362385

图 5. 6　2014—2018 年中部地区各省高校办学经费内源性融资指数得分情况

数据来源：笔者计算整理所得。

从外源性融资指数得分情况来看（见图 5. 7），2018 年安徽高校办学经费外源性融资指数得分为 0. 352660 分，同比下降 4. 19%，较 2014 年下降了 3. 64%，2014—2018 年安徽高校办学经费外源性融资水平呈先升后降的趋势。2018 年湖北高校办学经费外源性融资指数得分为 0. 385068 分，同比增长 7. 12%，与 2014 年相比增加了 6. 86%，2014—2018 年湖北高校办学经费外源性融资水平呈先升后降再升的趋势。2018 年湖南高校办学经费外源性融资指数得分为 0. 372309 分，同比增加 3. 68%，较 2014 年增加了 3. 25%，2014—2018 年其外源性融资水平呈先升后降再升的趋势。从外源性融资指数得分排名情况来看，2018 年中部地区各省高校办学经费外源性融资指数得分排名第一的是湖北，湖南排名第二，安徽排名第三。

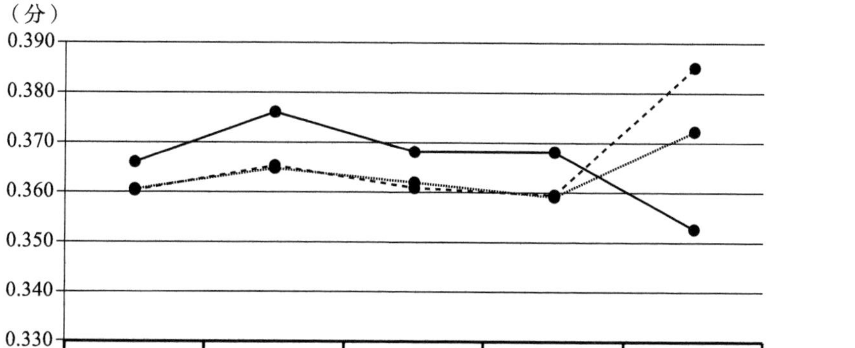

	2014	2015	2016	2017	2018
安徽	0.365996	0.376063	0.368101	0.368098	0.352660
湖北	0.360333	0.365273	0.360843	0.359466	0.385068
湖南	0.360602	0.364747	0.361946	0.359095	0.372309

图 5. 7　2014—2018 年中部地区各省高校办学经费外源性融资指数得分情况

数据来源：笔者计算整理所得。

从综合融资指数得分情况来看（见表 5. 8），2018 年安徽高校办学经费综合融资指数得分为 0. 347490 分，同比下降 4. 11%，较 2014 年下降了 3. 37%，2014—2018 年安徽高校办学经费综合融资水平呈波动下降的趋势。2018 年湖北高校办学经费综合融资指数得分为 0. 370541 分，同比增长 2. 19%，较 2014 年增长了 4. 37%，2014—2018 年湖北高校办学经费综合融资水平呈先升后降再升的趋势。2018 年湖南高校办学经费综合融资水平指数得分为 0. 363314 分，同比增长 3. 12%，较 2014 年增长了 1. 54%，2014—2018 年湖南高校办学经费综合融资水平总体呈先升后降再升的趋势。从综合融资指数得分排名情况来看，2018 年中部地区各省中湖北排名第一，湖南排名第二，安徽排名第三。

表 5. 8　2014—2018 年中部地区各省高校办学经费综合融资得分情况

单位：分

省份	2014 年	2015 年	2016 年	2017 年	2018 年
安徽	0. 359627	0. 366262	0. 361264	0. 362401	0. 347490
湖北	0. 355013	0. 358599	0. 364435	0. 362617	0. 370541
湖南	0. 357816	0. 361658	0. 353618	0. 352310	0. 363314

数据来源：笔者计算整理所得。

5. 3. 2. 3　中部地区各高校办学经费融资水平分析

从内源性融资指数得分情况来看（见表 5. 9），2018 年中部地区各高校内源性融资指数得分排名由高到低依次为：华中科技大学、武汉大学、中南大学、华中师范大学、武汉理工大学、湖南大学、中国地质大学（武汉）、华中农业大学、合肥工业大学、中南财经政法大学。与 2017 年相比，武汉大学、武汉理工大学、华中农业大学、中南大学 4 所高校内源性融资指数得分呈下降趋势，其他 6 所高校均呈上升趋势，说明这 6 所高校教育事业收入、科研事业收入、附属单位上缴收入及利息收入等内源性融资水平有所提升。

表 5. 9　2014—2018 年中部地区各高校内源性融资指数得分情况　单位：分

中部地区高校	2014 年	2015 年	2016 年	2017 年	2018 年
合肥工业大学	0. 344512	0. 350261	0. 344726	0. 344826	0. 346524
武汉大学	0. 396063	0. 399087	0. 404194	0. 395247	0. 386676
华中科技大学	0. 377173	0. 375709	0. 373307	0. 381590	0. 393374
武汉理工大学	0. 352328	0. 356101	0. 353942	0. 357249	0. 357164
华中师范大学	0. 347176	0. 349115	0. 347013	0. 352088	0. 358104

续表

中部地区高校	2014 年	2015 年	2016 年	2017 年	2018 年
中国地质大学（武汉）	0. 351194	0. 347049	0. 344359	0. 349245	0. 351130
华中农业大学	0. 346945	0. 344106	0. 346797	0. 348815	0. 348014
中南财经政法大学	0. 342932	0. 343096	0. 342001	0. 342958	0. 343716
湖南大学	0. 348213	0. 348580	0. 350489	0. 352337	0. 356004
中南大学	0. 364748	0. 367007	0. 363076	0. 370476	0. 368766

数据来源：笔者计算整理所得。

从外源性融资指数得分情况来看（见表 5. 10），2018 年中部地区各高校外源性融资指数得分排名由高到低依次为：华中科技大学、武汉大学、中南大学、武汉理工大学、中国地质大学（武汉）、华中师范大学、湖南大学、华中农业大学、合肥工业大学、中南财经政法大学。与 2017 年相比，华中科技大学 2018 年办学经费外源性融资指数得分呈下降趋势，其他 9 所高校的办学经费外源性融资指数均呈上升趋势，说明这 9 所高校财政拨款、社会捐赠收入、其他收入等外源性融资水平有所提升。

表 5. 10　2014—2018 年中部地区各高校外源性融资指数得分情况

单位：分

中部地区高校	2014 年	2015 年	2016 年	2017 年	2018 年
合肥工业大学	0. 348601	0. 348897	0. 351107	0. 352179	0. 352660
武汉大学	0. 402143	0. 407291	0. 425936	0. 437830	0. 440248
华中科技大学	0. 390639	0. 438322	0. 437011	0. 459400	0. 445527
武汉理工大学	0. 363886	0. 382864	0. 374455	0. 383975	0. 384799
华中师范大学	0. 356228	0. 360853	0. 365910	0. 367509	0. 372938
中国地质大学（武汉）	0. 363243	0. 369216	0. 367590	0. 371705	0. 375856
华中农业大学	0. 356806	0. 354473	0. 355731	0. 353314	0. 357231
中南财经政法大学	0. 346419	0. 346587	0. 350924	0. 351033	0. 351287
湖南大学	0. 354048	0. 357467	0. 359099	0. 358983	0. 359102
中南大学	0. 366618	0. 373079	0. 377509	0. 383917	0. 385517

数据来源：笔者计算整理所得。

从综合融资指数得分情况来看（见表 5. 11），2018 年中部地区各高校综合融资指数得分排名由高到低依次为：华中科技大学、武汉大学、中南大学、武汉理工大学、华中师范大学、中国地质大学（武汉）、湖南大学、华中农业大学、合肥工业大学、中南财经政法大学。与 2017 年相比，武汉大学和华中科技大学 2018 年教育经费综合融资指数得分呈下降趋势，其他 8 所高校办学经费综合融资指数得分呈上升趋势，融资水平不断提升。

表 5.11　2014—2018 年中部地区各高校综合融资指数得分情况

单位：分

中部地区高校	2014 年	2015 年	2016 年	2017 年	2018 年
合肥工业大学	0. 344704	0. 348241	0. 346352	0. 347069	0. 347490
武汉大学	0. 394528	0. 399825	0. 414335	0. 414832	0. 410892
华中科技大学	0. 379019	0. 408823	0. 406120	0. 423538	0. 414161
武汉理工大学	0. 355670	0. 367702	0. 361973	0. 367835	0. 368020
华中师范大学	0. 350959	0. 354321	0. 356109	0. 358889	0. 363329
中国地质大学（武汉）	0. 355153	0. 358084	0. 355609	0. 359993	0. 362556
华中农业大学	0. 353591	0. 349705	0. 350893	0. 349117	0. 351979
中南财经政法大学	0. 343391	0. 343391	0. 345288	0. 345731	0. 345899
湖南大学	0. 349474	0. 351549	0. 353011	0. 352934	0. 353729
中南大学	0. 360552	0. 365648	0. 366646	0. 371870	0. 372899

数据来源：笔者计算整理所得。

5. 3. 3　西部地区高校办学经费融资水平评价

5. 3. 3. 1　西部地区高校整体办学经费融资水平分析

如图 5. 8 所示，从内源性融资（内部融资）指数得分情况来看，2018 年西部地区高校办学经费内源性融资指数得分为 0. 365945 分，同比增长 0. 82%，较 2014 年增加了 2. 46%，2014—2018 年西部地区高校办学经费内源性融资指数得分先小幅下降后一直呈上升趋势，表明内源性融资水平持续提升。从外源性融资（外部融资）指数得分情况来看，2018 年西部地区高校办学经费外源性融资指数得分为 0. 365595 分，同比下降 0. 22%，较 2014 年增加了 2. 50%，2014—2018 年西部地区高校办学经费外源性融资指数得分总体上呈先上升后略有下降的趋势，外源性融资水平在提升。从综合融资指数得分情况来看，2018 年西部地区高校办学经费综合融资指数得分为 0. 361215 分，同比下降 0. 25%，与 2014 年相比增加了 1. 94%，2014—2018 年西部地区高校办学经费综合融资指数得分总体上呈先上升后略有下降的趋势。

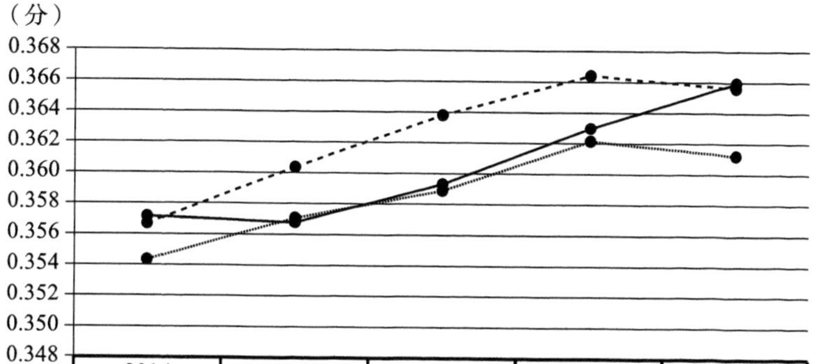

	2014	2015	2016	2017	2018
内部融资	0.357149	0.356773	0.359311	0.362977	0.365945
外部融资	0.356681	0.360366	0.363807	0.366404	0.365595
综合得分	0.354350	0.357071	0.358884	0.362135	0.361215

（年份）

图 5. 8　2014—2018 年西部地区高校整体办学经费融资水平

数据来源：笔者计算整理所得。

5. 3. 3. 2　西部地区各省（市）高校办学经费融资水平分析

从内源性融资指数得分情况来看（见图 5. 9），2018 年重庆高校办学经费内源性融资指数得分为 0. 374217 分，同比增加 4. 70%，与 2014 年相比增加了 2. 73%，2014—2018 年重庆高校办学经费内源性融资水平呈先降后升的趋势。2018 年四川高校办学经费内源性融资指数得分为 0. 372258 分，同比增加 0. 18%，与 2014 年相比增加了 3. 68%，2014—2018 年四川高校办学经费内源性融资水平总体上呈上升的趋势。2018 年陕西高校办学经费内源性融资指数得分为 0. 366336 分，同比增加 8. 34%，与 2014 年相比增加了 6.40%，2014—2018 年陕西高校内源性融资水平呈先升后降再升的趋势。2018 年甘肃高校办学经费内源性融资指数得分为 0.350967 分，同比下降 8.78%，较 2014 年下降了 2.77%，2014—2018 年甘肃高校办学经费内源性融资水平呈先降后升再降的趋势。从内源性融资指数得分排名情况看，2018 年西部地区各省（市）高校办学经费内源性融资指数得分排名由高到低依次为重庆、四川、陕西、甘肃。

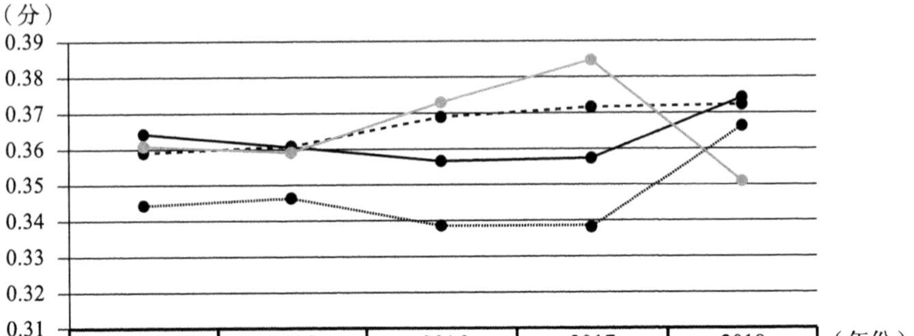

	2014	2015	2016	2017	2018
重庆	0.364285	0.360681	0.356680	0.357416	0.374217
四川	0.359059	0.360870	0.368927	0.371601	0.372258
陕西	0.344316	0.346361	0.338610	0.338144	0.366336
甘肃	0.360936	0.359178	0.373027	0.384747	0.350967

图 5.9　2014—2018 年西部地区各省（市）高校办学经费内源性融资指数得分情况

数据来源：笔者计算整理所得。

从外源性融资指数得分情况来看（见图 5.10），2018 年重庆高校办学经费外源性融资指数得分为 0.368161 分，同比增加 1.90%，较 2014 年增加了 2.10%，2014—2018 年重庆高校办学经费外源性融资水平呈先升后降再升的趋势。2018 年四川高校办学经费外源性融资指数得分为 0.371151 分，同比下降 3.85%，与 2014 年相比增加了 5.12%，2014—2018 年四川高校办学经费外源性融资水平呈先升后降的趋势。2018 年陕西高校办学经费外源性融资指数得分为 0.361711 分，同比增加 5.68%，较 2014 年增加了 1.01%，2014—2018 年陕西高校办学经费外源性融资水平呈先降后升的趋势。2018 年甘肃高校办学经费外源性融资指数得分为 0. 361358 分，同比下降 3. 89%，较 2014 年增加了 1. 80%，2014—2018 年甘肃高校办学经费外源性融资水平呈先升后降的趋势。从外源性融资指数得分排名情况来看，2018 年西部地区各省（市）高校外源性融资指数得分排名第一的是四川，重庆排名第二，陕西排名第三，甘肃排名第四。

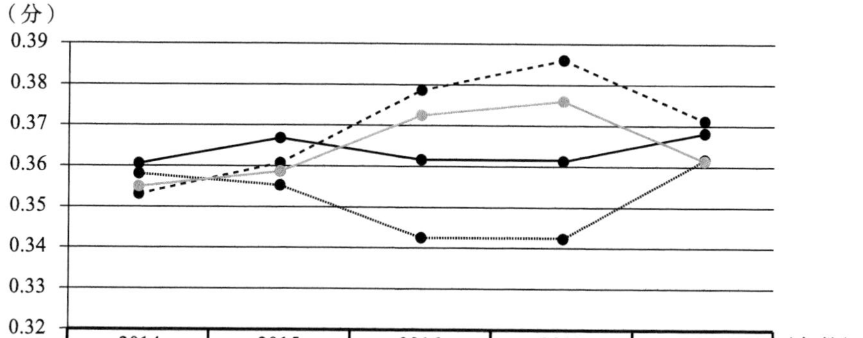

	2014	2015	2016	2017	2018
重庆	0.360578	0.366801	0.361611	0.361313	0.368161
四川	0.353080	0.360722	0.378601	0.386029	0.371151
陕西	0.358090	0.355265	0.342505	0.342286	0.361711
甘肃	0.354974	0.358675	0.372512	0.375988	0.361358

图 5. 10　2014—2018 年西部地区各省（市）高校办学经费外源性融资指数得分情况

数据来源：笔者计算整理所得。

从综合融资指数得分情况来看（见表 5. 12），2018 年重庆高校办学经费综合融资指数得分为 0. 363679 分，同比增长 1. 96%，2014—2018 年重庆高校办学经费综合融资水平总体上呈先升后降再升的趋势；2018 年四川高校办学经费综合融资指数得分为 0. 365377 分，同比下降 2. 80%，2014—2018 年四川高校办学经费综合融资水平呈先升后降的趋势；2018 年陕西高校办学经费综合融资指数得分为 0. 361429 分，同比增长 6. 49%，2014—2018 年陕西高校办学经费综合融资水平总体上呈先降后升的趋势；2018 年甘肃高校办学经费综合融资指数得分为 0. 354375 分，同比下降 5. 89%，2014—2018 年甘肃高校办学经费综合融资水平呈先升后降的趋势。从 2018

年西部地区各省（市）高校办学经费综合融资得分排名来看，四川排名第一，重庆排名第二，陕西排名第三，甘肃排名第四。

表 5.12　2014—2018 年西部地区各省（市）高校办学经费综合融资指数得分情况

单位：分

省份	2014 年	2015 年	2016 年	2017 年	2018 年
重庆	0.357643	0.360418	0.357123	0.356698	0.363679
四川	0.355331	0.362040	0.369194	0.375886	0.365377
陕西	0.350661	0.349486	0.339638	0.339405	0.361429
甘肃	0.353764	0.356342	0.369580	0.376552	0.354375

数据来源：笔者计算整理所得。

5.3.3.3　西部地区各高校办学经费融资水平分析

从内源性融资指数得分情况来看（见表 5.13），2018 年西部地区各高校办学经费内源性融资指数得分排名从高到低依次为：西安交通大学、四川大学、电子科技大学、陕西师范大学、重庆大学、西南大学、西南交通大学、西安电子科技大学、西南财经大学、兰州大学、西北农林科技大学、长安大学。2018 年除西南财经大学、西安交通大学、陕西师范大学 3 所高校办学经费内源性融资指数得分同比下降外，其他 9 所高校办学经费内源性融资指数得分均呈上升趋势，其办学经费内源性融资水平不断提升，说明教育事业收入、科研事业收入、附属单位上缴收入及利息收入等内源性融资水平在不断提升。

表 5.13　2014—2018 年西部地区各高校办学经费内源性融资指数得分情况

单位：分

西部地区高校	2014 年	2015 年	2016 年	2017 年	2018 年
重庆大学	0.370229	0.370734	0.365668	0.375663	0.376078
西南大学	0.358172	0.360148	0.363302	0.370622	0.372357
四川大学	0.390444	0.374617	0.377212	0.379613	0.385112
西南交通大学	0.364340	0.361506	0.360446	0.365942	0.371595
西南财经大学	0.345210	0.347978	0.350038	0.353162	0.353103
电子科技大学	0.357148	0.358625	0.362856	0.375067	0.379221

续表

西部地区高校	2014 年	2015 年	2016 年	2017 年	2018 年
西安交通大学	0. 410348	0. 409674	0. 405397	0. 406663	0. 406644
陕西师范大学	0. 347091	0. 353488	0. 381785	0. 391862	0. 377310
西北农林科技大学	0. 345172	0. 346208	0. 346676	0. 347838	0. 348485
西安电子科技大学	0. 347761	0. 346784	0. 350900	0. 354186	0. 356306
长安大学	0. 344924	0. 348197	0. 354179	0. 342536	0. 342936
兰州大学	0. 344316	0. 346361	0. 346103	0. 349059	0. 350967

数据来源：笔者计算整理所得。

从外源性融资指数得分情况来看（见表 5. 14），2018 年西部地区各高校办学经费外源性融资指数得分排名情况由高到低依次为：四川大学、西安交通大学、重庆大学、电子科技大学、西南大学、西北农林科技大学、西南交通大学、兰州大学、长安大学、西安电子科技大学、陕西师范大学、西南财经大学。2018 年除陕西师范大学 1 所高校的办学经费外源性融资指数得分同比下降外，其他 11 所高校办学经费外源性融资指数得分均同比上升，这也说明财政拨款、社会捐赠收入、其他收入等外源性融资水平进一步提升，有利于西部地区高校办学经费融资增加。

表 5. 14　2014—2018 年西部地区各高校办学经费外源性融资指数得分情况

单位：分

西部地区高校	2014 年	2015 年	2016 年	2017 年	2018 年
重庆大学	0. 362557	0. 368923	0. 368174	0. 367927	0. 369348
西南大学	0. 358647	0. 360571	0. 365459	0. 365912	0. 366975
四川大学	0. 385182	0. 401295	0. 402545	0. 403081	0. 407827
西南交通大学	0. 356666	0. 362090	0. 363184	0. 362438	0. 365063
西南财经大学	0. 341771	0. 343248	0. 343337	0. 343170	0. 344586
电子科技大学	0. 358693	0. 360573	0. 363339	0. 363703	0. 367127
西安交通大学	0. 364245	0. 390243	0. 386674	0. 382303	0. 387692
陕西师范大学	0. 346204	0. 350157	0. 350486	0. 348585	0. 348564
西北农林科技大学	0. 359802	0. 363553	0. 367171	0. 363083	0. 366114
西安电子科技大学	0. 346584	0. 349299	0. 349998	0. 351983	0. 352045

续表

西部地区高校	2014年	2015年	2016年	2017年	2018年
长安大学	0.348565	0.350358	0.349885	0.351378	0.354139
兰州大学	0.358090	0.355265	0.361946	0.359095	0.361358

数据来源：笔者计算整理所得。

从综合融资指数得分情况来看（见表5.15），2018年西部地区各高校办学经费综合融资指数得分排名从高到低依次为：四川大学、西安交通大学、重庆大学、电子科技大学、陕西师范大学、西南大学、西南交通大学、西北农林科技大学、兰州大学、西安电子科技大学、长安大学、西南财经大学。2018年除重庆大学、西安交通大学、陕西师范大学3所高校的办学经费综合融资指数得分同比下降外，其他9所高校的办学经费综合融资指数得分同比上升，这也体现出其办学经费融资水平在不断提升，有利于提升西部地区高校办学质量，满足其办学经费需求。

表5.15　2014—2018年西部地区各高校办学经费综合融资指数得分情况

单位：分

西部地区高校	2014年	2015年	2016年	2017年	2018年
重庆大学	0.360951	0.367527	0.363646	0.365619	0.365470
西南大学	0.354681	0.355789	0.359284	0.361078	0.361888
四川大学	0.379209	0.384912	0.384911	0.384952	0.390083
西南交通大学	0.355169	0.357480	0.357833	0.358285	0.361432
西南财经大学	0.341072	0.342873	0.343207	0.343966	0.344829
电子科技大学	0.355123	0.356407	0.359102	0.362401	0.365164
西安交通大学	0.387004	0.406474	0.396181	0.389313	0.389147
陕西师范大学	0.346147	0.352311	0.368680	0.374173	0.363664
西北农林科技大学	0.353035	0.356053	0.357528	0.354554	0.357048
西安电子科技大学	0.344826	0.346545	0.347521	0.349455	0.349929
长安大学	0.345645	0.348816	0.352265	0.345591	0.347357
兰州大学	0.350661	0.349486	0.353618	0.352310	0.354375

数据来源：笔者计算整理所得。

5.3.4　东北地区高校办学经费融资水平评价

5.3.4.1　东北地区高校整体办学经费融资水平分析

如图 5.11 所示，从内源性融资（内部融资）指数得分情况来看，2018 年东北地区高校整体办学经费内源性融资指数得分为 0.357598 分，同比下降 2.54%，与 2014 年相比增加了 0.21%，2014—2018 年东北地区高校整体办学经费内源性融资水平呈先下降后上升再下降的趋势，波动性比较大。从外源性融资（外部融资）指数得分情况来看，2018 年东北地区高校整体办学经费外源性融资指数得分为 0.362126 分，同比下降 1.31%，较 2014 年下降了 1.19%，2014—2018 年东北地区高校整体办学经费外源性融资水平呈先下降后略有上升再下降的趋势，这也说明财政拨款、社会捐赠收入及其他收入等外源性融资渠道的融资水平在下降。从综合融资指数得分情况来看，2018 年东北地区高校整体办学经费综合融资指数得分为 0.356734 分，与 2017 年相比下降了 1.47%，与 2014 年相比下降了

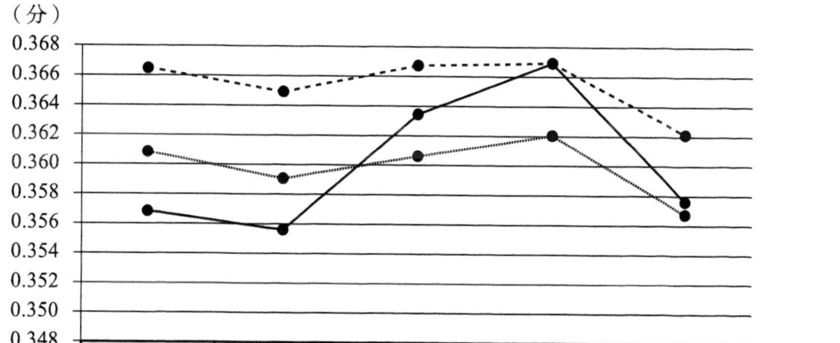

	2014	2015	2016	2017	2018
内部融资	0.356840	0.355594	0.363450	0.366928	0.357598
外部融资	0.366487	0.364931	0.366743	0.366939	0.362126
综合得分	0.360839	0.359066	0.360610	0.362059	0.356734

图 5.11　2014—2018 年东北地区高校整体办学经费融资水平

数据来源：笔者计算整理所得。

1.14%，2014—2018 年东北地区高校整体办学经费融资水平呈先下降后略有提升再下降的趋势，说明其整体融资水平在下降，不利于东北地区高校办学质量的提升。

5.3.4.2　东北地区各省高校办学经费融资水平分析

从内源性融资指数得分情况来看（见图 5.12），2018 年辽宁高校办学经费内源性融资指数得分为 0.361861 分，同比下降 1.89%，与 2014 年相比下降了 0.21%，2014—2018 年辽宁高校办学经费内源性融资水平呈先略有上升后下降的趋势。2018 年吉林高校办学经费内源性融资指数得分为 0.372322 分，同比增加 9.75%，与 2014 年相比增加了 8.82%，2014—2018 年吉林高校办学经费内源性融资水平呈先小幅下降后逐年上升的趋势，说明吉林高校教育事业收入、科研事业收入、附属单位上缴收入及利息收入等内源性融资能力逐渐提升。2018 年黑龙江高校办学经费内源性融资指数得分为 0.338612 分，同比下降 13.77%，与 2014 年相比下降了 7.42%，2014—2018 年黑龙江高校办学经费内源性融资水平呈先小幅下降

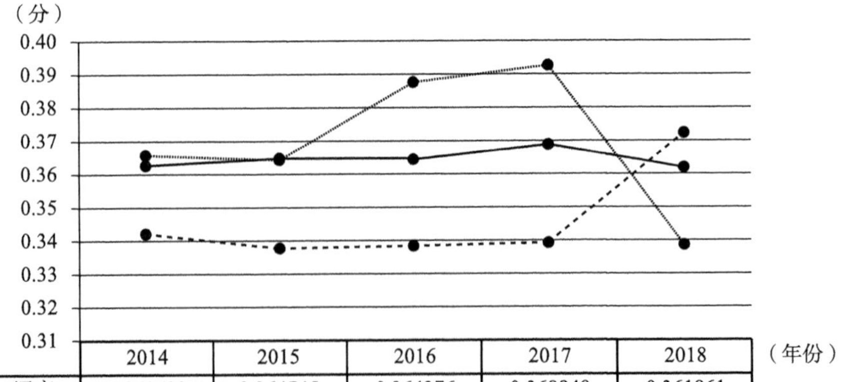

	2014	2015	2016	2017	2018
辽宁	0.362632	0.364745	0.364376	0.368849	0.361861
吉林	0.342144	0.337751	0.338389	0.339251	0.372322
黑龙江	0.365743	0.364286	0.387585	0.392685	0.338612

图 5.12　2014—2018 年东北地区各省高校办学经费内源性融资指数得分情况

数据来源：笔者计算整理所得。

后上升再下降的趋势。从得分排名情况看，2018 年东北地区各省高校办学经费内源性融资指数得分排名由高到低依次为吉林、辽宁、黑龙江。

从外源性融资指数得分情况来看（见图 5.13），2018 年辽宁高校办学经费外源性融资指数得分为 0.363038 分，同比下降 7.40%，较 2014 年下降了 6.25%，2014—2018 年辽宁高校办学经费外源性融资水平呈先下降后上升再下降的趋势。2018 年吉林高校办学经费外源性融资指数得分为 0.380694 分，同比增加 12.94%，与 2014 年相比增加了 11.14%，2014—2018 年吉林高校办学经费外源性融资水平呈先小幅上升后小幅下降再上升的趋势，说明吉林高校财政拨款、社会捐赠收入及其他收入等外源性融资能力有所提升。2018 年黑龙江高校办学经费外源性融资指数得分为 0.342645 分，同比下降 7.81%，较 2014 年下降了 7.32%，2014—2018 年其外源性融资水平呈先小幅上升后下降的趋势。从外源性融资指数得分排名情况来看，2018 年东北地区各省高校办学经费外源性融资指数得分排名第一的是吉林，辽宁排名第二，黑龙江排名第三。

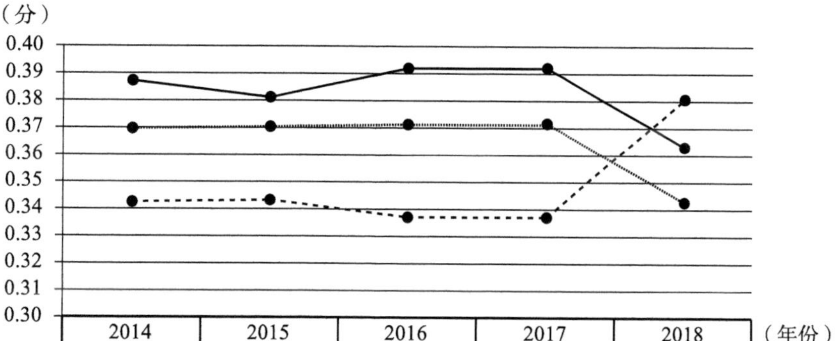

	2014	2015	2016	2017	2018
辽宁	0.387247	0.381162	0.391937	0.392066	0.363038
吉林	0.342521	0.343260	0.337051	0.337081	0.380694
黑龙江	0.369693	0.370371	0.371242	0.371670	0.342645

图 5.13　2014—2018 年东北地区各省高校办学经费外源性融资指数得分情况

数据来源：笔者计算整理所得。

从综合融资指数得分情况来看（见表 5.16），2018 年辽宁高校办学经费综合融资指数得分为 0. 359067，同比下降 4. 33%，与 2014 年相比下降了 3. 55%，2014—2018 年辽宁高校办学经费综合融资水平呈先降后升再降的趋势，融资水平呈下滑趋势，说明辽宁高校办学经费融资水平在下降。2018 年吉林高校办学经费综合融资指数得分为 0. 371517 分，同比增长 10. 24%，与 2014 年相比增加了 8. 65%，2014—2018 年吉林高校办学经费综合融资水平呈先降再升的趋势，说明吉林高校办学经费融资水平在提升。2018 年黑龙江高校办学经费综合融资指数得分为 0. 339618 分，同比下降 9. 16%，较 2014 年下降了 7. 79%，2014—2018 年黑龙江高校办学经费综合融资指数得分呈先降后升再降的趋势，说明黑龙江高校办学经费融资水平在下降。从综合融资指数得分排名情况来看，2018 年东北地区各省高校办学经费综合融资指数得分排名第一的是吉林，辽宁排名第二，黑龙江排名第三。

表 5. 16　2014—2018 年东北地区各省高校办学经费综合融资指数得分情况

单位：分

省份	2014 年	2015 年	2016 年	2017 年	2018 年
辽宁	0. 372269	0. 370486	0. 374058	0. 375327	0. 359067
吉林	0. 341939	0. 339841	0. 336661	0. 337003	0. 371517
黑龙江	0. 368308	0. 366870	0. 371110	0. 373848	0. 339618

数据来源：笔者计算整理所得。

5. 3. 4. 3　东北地区各高校办学经费融资水平分析

从内源性融资指数得分情况来看（见表 5. 17），2018 年，大连理工大学办学经费内源性融资指数得分为 0. 367324 分，同比增长 1. 63%；东北大学办学经费内源性融资指数得分为 0. 367290 分，同比增长 1. 53%；吉林大学办学经费内源性融资指数得分为 0. 393237 分，同比增长 0. 26%；东北师范大学办学经费内源性融资指数得分为 0. 351407 分，同比增长 0. 12%；东北林业大学办学经费内源性融资指数得分为 0. 338612 分，同比增长 0. 14%。从总体来看，2018 年东北地区各高校的办学经费内源性融资指数得分均较上年增长，内源性融资水平在逐步提高，说明依靠高校自身资源获取的资金越来越多，对于促进高校多元化融资、提高高校办学质量提供了积极助力。从 2018 年东北地区各高校办学经费内源性融资指数得分排名情况来看，吉林大学排名第一，大连理工大学排名第二，东北大学排名第三，东北师范大学排名第四，东北林业大学排名第五，排名越靠前说明其办学经费内源性融资水平越高。

表 5.17　2014—2018 年东北地区各高校办学经费内源性融资指数得分情况

单位：分

东北地区高校	2014 年	2015 年	2016 年	2017 年	2018 年
大连理工大学	0. 364885	0. 359528	0. 361414	0. 361444	0. 367324
东北大学	0. 356987	0. 358828	0. 362523	0. 361746	0. 367290
吉林大学	0. 382248	0. 385025	0. 384988	0. 392215	0. 393237
东北师范大学	0. 343017	0. 344465	0. 352866	0. 350987	0. 351407
东北林业大学	0. 342144	0. 337751	0. 338610	0. 338144	0. 338612

数据来源：笔者计算整理所得。

从外源性融资指数得分情况来看（见表 5. 18），2018 年，大连理工大学办学经费外源性融资指数得分为 0. 366936 分，同比增加 0. 88%；东北大学办学经费外源性融资指数得分 0. 360819 分，同比下降 0. 08%；吉林大学办学经费外源性融资指数得分为 0. 410128 分，同比下降 2. 51%；东北师范大学办学经费外源性融资指数得分为 0. 351261 分，同比下降 0. 03%；东北林业大学办学经费外源性融资指数得分为 0. 342645 分，同比增加 0. 10%。这说明 2018 年大连理工大学和东北林业大学办学经费外源性融资水平呈增长趋势，其他高校则呈现下滑趋势。从 2018 年东北地区各高校办学经费外源性融资指数得分排名情况来看，吉林大学排名第一，大连理工大学排名第二，东北大学排名第三，东北师范大学排名第四，东北林业大学排名第五。

表 5.18 2014—2018 年东北地区各高校办学经费外源性融资指数得分情况

单位：分

东北地区高校	2014 年	2015 年	2016 年	2017 年	2018 年
大连理工大学	0.355121	0.361576	0.361489	0.363737	0.366936
东北大学	0.354828	0.355774	0.361397	0.361106	0.360819
吉林大学	0.429367	0.414425	0.407502	0.420677	0.410128
东北师范大学	0.345127	0.347898	0.349699	0.351381	0.351261
东北林业大学	0.342521	0.343260	0.342505	0.342286	0.342645

数据来源：笔者计算整理所得。

从综合融资指数得分情况来看（见表 5.19），2018 年吉林大学排名第一，大连理工大学排名第二，东北大学排名第三，东北师范大学排名第四，东北林业大学排名第五。2018 年，大连理工大学办学经费综合融资指数得分为 0.362820 分，同比增长 1.06%；东北大学办学经费综合融资指数得分为 0.360006 分，同比增长 0.35%；吉林大学办学经费综合融资指数得分为 0.395494 分，同比下降 2.17%；东北师范大学办学经费综合融资指数得分为 0.347540 分，同比增长 0.01%；东北林业大学办学经费综合融资指数得分为 0.339618 分，同比增长 0.06%。2018 年除吉林大学办学经费综合融资得分下降外，其他高校办学经费综合融资指数得分均增长，说明其办学经费融资水平在不断提升，有利于提升东北地区高校办学质量，满足其办学经费需求。

表 5.19 2014—2018 年东北地区各高校办学经费综合融资指数得分情况

单位：分

东北地区高校	2014 年	2015 年	2016 年	2017 年	2018 年
大连理工大学	0.354451	0.357890	0.357763	0.359020	0.362820
东北大学	0.353077	0.354794	0.359989	0.358764	0.360006
吉林大学	0.402395	0.397007	0.391245	0.404276	0.395494
东北师范大学	0.342143	0.343965	0.347143	0.347496	0.347540
东北林业大学	0.341939	0.339841	0.339638	0.339405	0.339618

数据来源：笔者计算整理所得。

第 6 章　高校办学经费融资绩效的影响因素分析

基于前文分析，本章对高校经费融资结构和融资绩效表现进行回归分析，分别从全国及地区（东部地区、中部地区、西部地区和东北地区）层面出发，探讨高校经费融资结构与融资绩效表现的关系，得出高校办学经费融资绩效的影响因素。

6.1　变量界定及模型构建

6.1.1　变量界定及选择

本书设计高校办学经费融资结构与融资绩效表现的关系模型时，采用回归分析的方法对两者关系进行分析，从而探讨高校办学经费融资绩效的影响因素。

因变量：高校办学经费融资绩效情况，本书以第 5 章分析得出的 2014—2018 年 76 所高校经费融资水平评价结果为衡量指标。

自变量：高校办学经费的融资结构情况。指标主要有教育事业收入占比、科研事业收入占比、附属单位上缴收入占比、教育补助拨款占比、科研补助拨款占比、其他补助拨款占比、社会捐赠收入占比、利息收入占比及其他收入占比，其原始数据来源于 76 所教育部直属高校门户网站对外公开的 2014—2018 年部门决算数据。

6.1.2 模型构建

为分析高校办学经费融资绩效，本书参考了吴肖梦[①]（2016）的相关研究成果，构建了以下模型：

$$Y=B_0+B_1X_1+B_2X_2+B_3X_3+B_4X_4+B_5X_5+B_6X_6+B_7X_7+B_8X_8+B_9X_9+u$$

其中，Y 为因变量，表示高校办学经费融资绩效情况；X 为自变量，为高校办学经费融资的结构情况，其中 X_1 表示教育事业收入占比，X_2 表示科研事业收入占比，X_3 表示附属单位上缴收入占比，X_4 表示教育补助拨款占比，X_5 表示科研补助拨款占比，X_6 表示其他补助拨款占比，X_7 表示社会捐赠收入占比，X_8 表示利息收入占比，X_9 表示其他收入占比；u 表示随机项；B_0表示常数项，$B_1 \sim B_9$表示自变量的系数。

6.2 全国层面高校办学经费融资结构对融资绩效表现的影响

6.2.1 多重共线性检验

为检验模型变量之间是否存在多重共线性，合理解释最终结果的有效性，在进行回归分析之前，应对全国层面研究对象的变量指标进行相关性分析，通过相关性分析，得出变量相关系数矩阵，判断是否存在多重共线性。从表 6.1 中的相关系数矩阵可以看出，各解释变量之间的相关系数较大，所以模型可能存在多重共线性，故利用逐步回归法对模型进行检验并修正模型，进而展开回归分析。

---

① 吴肖梦．高校经费资源对其办学绩效表现的影响研究［D］．浙江大学，2016.

表 6.1　相关系数矩阵

	教育事业收入占比	科研事业收入占比	附属单位上缴收入占比	教育补助拨款占比	科研补助拨款占比	其他补助拨款占比	社会捐赠收入占比	利息收入占比	其他收入占比
教育事业收入占比	1.000	0.975**	0.806**	0.971**	0.916**	0.869**	0.906**	0.933**	0.870**
科研事业收入占比	0.975**	1.000	0.792**	0.965**	0.922**	0.869**	0.899**	0.960**	0.875**
附属单位上缴收入占比	0.806**	0.792**	1.000	0.823**	0.826**	0.787**	0.781**	0.712**	0.758**
教育补助拨款占比	0.971**	0.965**	0.823**	1.000	0.941**	0.937**	0.864**	0.896**	0.844**
科研补助拨款占比	0.916**	0.922**	0.826**	0.941**	1.000	0.879**	0.868**	0.894**	0.853**
其他补助拨款占比	0.869**	0.869**	0.787**	0.937**	0.879**	1.000	0.758**	0.777**	0.718**
社会捐赠收入占比	0.906**	0.899**	0.781**	0.864**	0.868**	0.758**	1.000	0.856**	0.799**
利息收入占比	0.933**	0.960**	0.712**	0.896**	0.894**	0.777**	0.856**	1.000	0.845**
其他收入占比	0.870**	0.875**	0.758**	0.844**	0.853**	0.718**	0.799**	0.845**	1.000

注：**表示当置信度（双侧）为 0.01 时，相关性是显著的。

6.2.2　全国层面高校办学经费融资结构对融资绩效表现影响的回归分析

全国层面高校办学经费融资结构指标变量存在多重共线性，所以，通过逐步回归法进行多元线性回归分析，在回归过程中自动剔除共线性指标，得到最优指标结果。全国层面高校办学经费融资绩效回归结果如表 6.2 所示。

表 6.2　全国层面高校办学经费融资绩效回归结果

变量	非标准化系数		标准回归系数	t	显著性
	B	标准误差	试用版		
（常量）	-1623.098	8781.104		-0.185	0.854
科研事业收入占比	1.694	0.095	0.366	17.906	0.000
教育补助拨款占比	0.922	0.048	0.359	19.381	0.000
教育事业收入占比	1.077	0.124	0.199	8.701	0.000
其他收入占比	0.536	0.061	0.074	8.809	0.000
社会捐赠收入占比	1.368	0.629	0.021	2.175	0.032

注：因变量：绩效。

基于以上模型回归结果，我们从全国层面对高校办学经费融资结构与融资绩效的关系进行了回归分析，探讨了全国层面高校办学经费融资结构对融资绩效的影响。具体体现在以下方面：

科研事业收入占比的回归结果分析：从表 6.2 中可以看出，科研事业收入占比通过 0.05 显著性水平检验，标准回归系数为 0.366，t 检验值为 17.906。基于以上结果可以推断，高校科研事业收入占比对高校办学经费融资绩效存在显著影响，对高校之间融资绩效排名具有积极影响。高校科研事业收入占比越高，高校办学经费融资绩效表现就越好，高校的排名越靠前。

教育补助拨款占比的回归结果分析：从表 6.2 中可以看出，教育补助拨款占比通过 0.05 显著性水平检验，标准回归系数为 0.359，t 检验值为 19.381。基于以上结果可以推断，高校教育补助拨款占比对高校办学经费融资绩效存在显著影响，对高校之间融资绩效排名具有积极影响。高校教育补助拨款占比越高，高校办学经费融资绩效表现就越好，高校的排名越靠前。

教育事业收入占比的回归结果分析：从表 6.2 中可以看出，教育事业收入占比通过 0.05 显著性水平检验，标准回归系数为 0.199，t 检验值为

8.701。基于以上结果可以推断，高校教育事业收入占比对高校办学经费融资绩效存在显著影响，对高校之间融资绩效排名具有积极影响。高校教育事业收入占比越高，高校办学经费融资绩效表现就越好，高校的排名越靠前。

其他收入占比的回归结果分析：从表 6.2 中可以看出，其他收入占比通过 0.05 显著性水平检验，标准回归系数为 0.074，t 检验值为 8.809。基于以上结果可以推断，全国层面高校其他收入占比与办学经费融资绩效存在显著性关系，但其回归系数较小，对全国层面高校办学经费融资绩效的影响相对较小。在实际融资过程中，全国高校的其他收入金额较少，占比小，对全国高校的办学经费融资绩效产生的影响相对小，这条融资渠道正是全国高校的薄弱环节，是今后需要努力的方向。

社会捐赠收入占比的回归结果分析：从表 6.2 中可以看出，社会捐赠收入占比通过 0.05 显著性水平检验，社会捐赠收入占比的标准回归系数为 0.021，t 检验值为 2.175。基于以上结果可以推断，全国高校社会捐赠收入占比与办学经费融资绩效存在显著性关系，但其回归系数较小，对全国高校办学经费融资绩效的影响相对较小。在实际融资过程中，全国高校的社会捐赠收入融资金额较少，占比小，对全国高校的办学经费融资绩效产生的影响相对较小，这条融资渠道正是全国高校的薄弱环节，是今后需要努力的方向。

从回归分析结果可以看出，全国层面高校办学经费融资绩效的影响因素包括：内源性融资渠道中的教育事业收入占比、科研事业收入占比，外源性融资渠道中的教育补助拨款占比、社会捐赠收入占比及其他收入占比。

6.3　东部地区高校办学经费融资结构对融资绩效表现的影响

6.3.1　多重共线性检验

为检验东部地区高校办学经费融资结构与融资绩效回归模型变量之间是

否存在多重共线性，合理解释最终结果的有效性，在进行回归分析之前，应对东部地区研究对象的变量指标进行相关性分析，通过相关性分析，得出变量相关系数矩阵，判断是否存在多重共线性。从表6.3中的相关系数矩阵可以看出，各解释变量之间的相关系数较大，所以模型可能存在多重共线性，故利用逐步回归法对模型进行检验并修正模型，进而展开回归分析。

表6.3 相关系数矩阵

	教育事业收入占比	科研事业收入占比	附属单位上缴收入占比	教育补助拨款占比	科研补助拨款占比	其他补助拨款占比	社会捐赠收入占比	利息收入占比	其他收入占比
教育事业收入占比	1.000	0.982**	0.846**	0.980**	0.921**	0.913**	0.922**	0.936**	0.867**
科研事业收入占比	0.982**	1.000	0.820**	0.978**	0.922**	0.907**	0.903**	0.957**	0.857**
附属单位上缴收入占比	0.846**	0.820**	1.000	0.861**	0.849**	0.913**	0.809**	0.729**	0.769**
教育补助拨款占比	0.980**	0.978**	0.861**	1.000	0.946**	0.955**	0.907**	0.911**	0.858**
科研补助拨款占比	0.921**	0.922**	0.849**	0.946**	1.000	0.908**	0.886**	0.892**	0.848**
其他补助拨款占比	0.913**	0.907**	0.913**	0.955**	0.908**	1.000	0.866**	0.813**	0.766**
社会捐赠收入占比	0.922**	0.903**	0.809**	0.907**	0.886**	0.866**	1.000	0.836**	0.760**

续表

	教育事业收入占比	科研事业收入占比	附属单位上缴收入占比	教育补助拨款占比	科研补助拨款占比	其他补助拨款占比	社会捐赠收入占比	利息收入占比	其他收入占比
利息收入占比	0.936**	0.957**	0.729**	0.911**	0.892**	0.813**	0.836**	1.000	0.814**
其他收入占比	0.867**	0.857**	0.769**	0.858**	0.848**	0.766**	0.760**	0.814**	1.000

注：**表示当置信度（双侧）为 0.01 时，相关性是显著的。

6.3.2　东部地区高校办学经费融资结构对融资绩效表现影响的回归分析

东部地区高校办学经费融资结构指标变量存在多重共线性，所以，通过逐步回归法进行多元线性回归分析，在回归过程中自动剔除共线性指标，得到最优指标结果。东部地区高校办学经费融资绩效回归结果如表 6.4 所示。

表 6.4　东部地区高校办学经费融资绩效回归结果

变量	非标准化系数		标准回归系数	t	显著性
	B	标准误差	试用版		
（常量）	2047.434	18243.361		0.0112	0.0911
科研事业收入占比	1.634	0.0180	0.346	9.077	0.0000
教育补助拨款占比	0.0900	0.0093	0.350	9.663	0.0000
教育事业收入占比	1.325	0.220	0.249	6.011	0.000
其他收入占比	0.492	0.094	0.069	5.216	0.000

注：因变量：绩效。

基于以上模型，我们对东部地区高校办学经费融资结构与融资绩效表现关系进行了回归分析，探讨了东部地区高校办学经费融资结构对融资绩效表现的影响。具体体现在以下方面：

科研事业收入占比的回归结果分析：从表 6.4 中可以看出，科研事业收入占比通过 0.05 显著性水平检验，标准回归系数为 0.346，t 检验值为 9.077。基于以上结果可以推断，东部地区高校科研事业收入占比对其高校办学经费融资绩效存在显著影响，东部地区高校科研事业收入占比越高，高校办学经费融资绩效表现越好，高校在东部地区各大高校中的排名越靠前。

教育补助拨款占比的回归结果分析：从表 6.4 中可以看出，教育补助拨款占比通过 0.05 显著性水平检验，标准回归系数为 0.350，t 检验值为 9.663。基于以上结果可以推断，东部地区高校教育补助拨款占比对其高校办学经费融资绩效存在显著影响，东部地区高校教育补助拨款占比越高，高校办学经费融资绩效表现越好，高校在东部地区各大高校中的排名越靠前。

教育事业收入占比的回归结果分析：从表 6.4 中可以看出，教育事业收入占比通过 0.05 显著性水平检验，标准回归系数为 0.249，t 检验值为 6.011。基于以上结果可以推断，东部地区高校教育事业收入占比对其高校办学经费融资绩效存在显著影响，高校教育事业收入占比越高，高校办学经费融资绩效表现越好，高校在东部地区各大高校中的排名越靠前。

其他收入占比的回归结果分析：从表 6.4 中可以看出，其他收入占比通过 0.05 显著性水平检验，标准回归系数为 0.069，t 检验值为 5.216。基于以上结果可以推断，东部地区高校其他收入占比与办学经费融资绩效存在显著性关系，但其回归系数较小，对东部地区高校办学经费融资绩效的影响相对较小。在实际融资过程中，东部地区高校的其他收入融资金额较少，占比小，对东部地区高校的办学经费融资绩效产生的影响相对较小，这条融资渠道正是东部地区高校的薄弱环节，是今后需要努力的方向。

从回归分析结果可以看出，东部地区高校办学经费融资绩效的影响因素包括：内源性融资渠道中的教育事业收入占比、科研事业收入占比，外源性融资渠道中的教育补助拨款占比、其他收入占比。

6.4　中部地区高校办学经费融资结构对融资绩效表现的影响

6.4.1　多重共线性检验

为检验中部地区高校办学经费融资结构与融资绩效回归模型变量之间是否存在多重共线性，合理解释最终结果的有效性，在进行回归分析之前，应对中部地区研究对象的变量指标进行相关性分析，通过相关性分析，得出变量相关系数矩阵，判断是否存在多重共线性。从表 6.5 中的相关系数矩阵可以看出，各解释变量之间的相关系数较大，所以模型可能存在多重共线性，故利用逐步回归法对模型进行检验并修正模型，进而展开回归分析。

表 6.5　相关系数矩阵

	教育事业收入占比	科研事业收入占比	附属单位上缴收入占比	教育补助拨款占比	科研补助拨款占比	其他补助拨款占比	社会捐赠收入占比	利息收入占比	其他收入占比
教育事业收入占比	1.000	0.982**	0.860**	0.987**	0.961**	0.971**	0.915**	0.984**	0.952**
科研事业收入占比	0.982**	1.000	0.813**	0.997**	0.939**	0.982**	0.905**	0.981**	0.943**
附属单位上缴收入占比	0.860**	0.813**	1.000	0.842**	0.878**	0.883**	0.784**	0.883**	0.906**
教育补助拨款占比	0.987**	0.997**	0.842**	1.000	0.958**	0.988**	0.911**	0.987**	0.956**
科研补助拨款占比	0.961**	0.939**	0.878**	0.958**	1.000	0.960**	0.873**	0.960**	0.931**

续表

	教育事业收入占比	科研事业收入占比	附属单位上缴收入占比	教育补助拨款占比	科研补助拨款占比	其他补助拨款占比	社会捐赠收入占比	利息收入占比	其他收入占比
其他补助拨款占比	0.971**	0.982**	0.883**	0.988**	0.960**	1.000	0.888**	0.989**	0.948**
社会捐赠收入占比	0.915**	0.905**	0.784**	0.911**	0.873**	0.888**	1.000	0.868**	0.930**
利息收入占比	0.984**	0.981**	0.883**	0.987**	0.960**	0.989**	0.868**	1.000	0.949**
其他收入占比	0.952**	0.943**	0.906**	0.956**	0.931**	0.948**	0.930**	0.949**	1.000

注：**表示当置信度（双侧）为0.01时，相关性是显著的。

6.4.2 中部地区高校办学经费融资结构对融资绩效表现影响的回归分析

中部地区高校办学经费融资结构指标变量存在多重共线性，所以，通过逐步回归法进行多元线性回归分析，在回归过程中自动剔除共线性指标，得到最优指标结果。中部地区高校办学经费融资绩效回归结果如表6.6所示。

表6.6 中部地区高校办学经费融资绩效回归结果

变量	非标准化系数		标准回归系数	t	显著性
	B	标准误差	试用版		
（常量）	6276.203	8201.759		0.765	0.462
教育补助拨款占比	0.913	0.139	0.437	6.558	0.000
教育事业收入占比	0.877	0.127	0.140	6.902	0.000
科研事业收入占比	2.014	0.294	0.405	6.860	0.000
附属单位上缴收入占比	10.601	3.405	0.025	3.113	0.011

注：因变量：绩效。

基于以上模型，我们对中部地区高校办学经费融资结构与绩效关系进行了回归分析，探讨了中部地区高校办学经费融资结构对融资绩效表现的影响。具体体现在以下方面：

教育补助拨款占比的回归结果分析：从表6.6中可以看出，教育补助拨款占比通过0.05显著性水平检验，标准回归系数为0.437，t检验值为6.558。基于以上结果可以推断，中部地区高校教育补助拨款占比对其高校办学经费融资绩效存在显著影响，中部地区高校教育补助拨款占比越高，其高校经费融资绩效表现越好，高校在中部地区各大高校中的排名越靠前。

教育事业收入占比的回归结果分析：从表6.6中可以看出，教育事业收入占比通过0.05显著性水平检验，标准回归系数为0.140，t检验值为6.902。基于以上结果可以推断，中部地区高校教育事业收入占比对中部高校办学经费融资绩效存在显著影响，中部地区高校教育事业收入占比越高，高校办学经费融资绩效表现越好，高校在中部地区各大高校中的排名越靠前。

科研事业收入占比的回归结果分析：从表6.6中可以看出，科研事业收入占比通过0.05显著性水平检验，标准回归系数为0.405，t检验值为6.860。基于以上结果可以推断，中部地区高校科研事业收入占比与其高校办学经费融资绩效存在显著影响关系，中部地区高校科研事业收入占比越高，高校办学经费融资绩效表现越好，高校在中部地区各大高校中的排名越靠前。

附属单位上缴收入占比的回归结果分析：从表6.6中可以看出，附属单位上缴收入占比通过0.05显著性水平检验，标准回归系数为0.025，t检验值为3.113。基于以上结果可以推断，中部地区高校附属单位上缴收入占比与办学经费融资绩效存在显著性关系，但其回归系数较小，对中部地区高校办学经费融资绩效的影响相对较小。在实际融资过程中，中部地区高校的附属单位上缴收入融资金额较少，占比小，对中部地区高校的办学经费融资绩效产生的影响相对较小，这条融资渠道正是中部地区高校的薄弱环节，是今后需要努力的方向。

从回归分析结果可以看出，中部地区高校办学经费融资绩效的影响因素包括：内源性融资渠道中的教育事业收入占比、科研事业收入占比及附属单位上缴收入占比，外源性融资渠道中的教育补助拨款占比。

6.5 西部地区高校办学经费融资结构对融资绩效表现的影响

6.5.1 多重共线性检验

为检验西部地区高校办学经费融资结构与融资绩效回归模型变量之间是否存在多重共线性，合理解释最终结果的有效性，在进行回归分析之前，应对西部地区研究对象的变量指标进行相关性分析，通过相关性分析，得出变量相关系数矩阵，判断是否存在多重共线性。从表 6.7 中的相关系数矩阵可以看出，各解释变量之间的相关系数较大，所以模型可能存在多重共线性，故利用逐步回归法对模型进行检验并修正模型，进而展开回归分析。

表 6.7 相关系数矩阵

	教育事业收入占比	科研事业收入占比	附属单位上缴收入占比	教育补助拨款占比	科研补助拨款占比	其他补助拨款占比	社会捐赠收入占比	利息收入占比	其他收入占比
教育事业收入占比	1	0.873**	0.170	0.864**	0.493*	0.905**	0.729**	0.937**	0.759**
科研事业收入占比	0.873**	1.000	0.550*	0.982**	0.648**	0.954**	0.676**	0.862**	0.848**
附属单位上缴收入占比	0.170	0.550*	1.000	0.611**	0.702**	0.473*	0.284	0.285	0.652**

续表

	教育事业收入占比	科研事业收入占比	附属单位上缴收入占比	教育补助拨款占比	科研补助拨款占比	其他补助拨款占比	社会捐赠收入占比	利息收入占比	其他收入占比
教育补助拨款占比	0.864**	0.982**	0.611**	1.000	0.735**	0.958**	0.722**	0.886**	0.878**
科研补助拨款占比	0.493*	0.648**	0.702**	0.735**	1.000	0.711**	0.599**	0.655**	0.716**
其他补助拨款占比	0.905**	0.954**	0.473*	0.958**	0.711**	1.000	0.792**	0.896**	0.895**
社会捐赠收入占比	0.729**	0.676**	0.284	0.722**	0.599**	0.792**	1.000	0.803**	0.697**
利息收入占比	0.937**	0.862**	0.285	0.886**	0.655**	0.896**	0.803**	1.000	0.744**
其他收入占比	0.759**	0.848**	0.652**	0.878**	0.716**	0.895**	0.697**	0.744**	1.000

注：**表示当置信度（双侧）为0.01时，相关性是显著的；*表示当置信度（双侧）为0.05时，相关性是显著的。

6.5.2　西部地区高校办学经费融资结构对融资绩效表现影响的回归分析

西部地区高校办学经费融资结构指标变量存在多重共线性，所以，通过逐步回归法进行多元线性回归分析，在回归过程中自动剔除共线性指标，得到最优指标结果。西部地区高校办学经费融资绩效回归结果如表6.8所示。

表6.8　西部地区高校办学经费融资绩效回归结果

变量	非标准化系数		标准回归系数	t	显著性
	B	标准误差	试用版		
（常量）	9371.144	9806.348		0.956	0.355
教育补助拨款占比	0.944	0.094	0.430	10.022	0.000
教育事业收入占比	0.987	0.055	0.217	17.905	0.000

续表

变量	非标准化系数		标准回归系数	t	显著性
	B	标准误差	试用版		
科研事业收入占比	1.484	0.174	0.303	8.520	0.000
其他收入占比	0.760	0.145	0.062	5.243	0.000
科研补助拨款占比	1.246	0.461	0.029	2.702	0.017

注：因变量：绩效。

基于以上模型，我们对西部地区高校办学经费融资结构与绩效关系进行了回归分析，探讨了西部地区高校办学经费融资结构对融资绩效表现的影响。具体体现在以下方面：

教育补助拨款占比的回归结果分析：从表6.8中可以看出，教育补助拨款占比通过0.05显著性水平检验，标准回归系数为0.430，t检验值为10.022。基于以上结果可以推断，西部地区高校教育补助拨款占比对其高校办学经费融资绩效存在显著影响，西部地区高校教育补助拨款占比越高，其高校经费融资绩效表现越好，高校在西部地区各大高校中的排名越靠前。

教育事业收入占比的回归结果分析：从表6.8中可以看出，教育事业收入占比通过0.05显著性水平检验，标准回归系数为0.217，t检验值为17.905。基于以上结果可以推断，西部地区高校教育事业收入占比对其高校办学经费融资绩效存在显著影响，西部地区高校教育事业收入占比越高，其高校办学经费融资绩效表现越好，高校在西部地区各大高校中的排名越靠前。

科研事业收入占比的回归结果分析：从表6.8中可以看出，科研事业收入占比通过0.05显著性水平检验，标准回归系数为0.303，t检验值为8.520。基于以上结果可以推断，西部地区高校科研事业收入占比对其高校办学经费融资绩效存在显著影响，西部地区高校科研事业收入占比越高，其高校办学经费融资绩效表现越好，高校在西部地区各大高校中的排名越靠前。

其他收入占比的回归结果分析：从表 6.8 中可以看出，其他收入占比通过 0.05 显著性水平检验，标准回归系数为 0.062，t 检验值为 5.243。基于以上结果可以推断，西部地区高校其他收入占比与办学经费融资绩效存在显著性关系，但其回归系数较小，对西部地区高校办学经费融资绩效的影响相对较小。在实际融资过程中，西部地区高校的其他收入融资金额较少，占比小，对西部地区高校的办学经费融资绩效产生的影响相对较小，这条融资渠道正是西部地区高校的薄弱环节，是今后需要努力的方向。

科研补助拨款占比的回归结果分析：从表 6.8 中可以看出，科研补助拨款占比通过 0.05 显著性水平检验，标准回归系数为 0.029，t 检验值为 2.702。基于以上结果可以推断，西部地区高校科研补助拨款占比与办学经费融资绩效存在显著性关系，但其回归系数较小，对西部地区高校办学经费融资绩效的影响相对较小。在实际融资过程中，西部地区高校的科研补助拨款金额较少，占比小，对西部地区高校的办学经费融资绩效产生的影响相对较小，这条融资渠道正是西部地区高校的薄弱环节，是今后的努力方向。西部地区高校应进一步提高科研能力，争取获得更多的科研补助拨款。

从回归分析结果可以看出，西部地区高校办学经费融资绩效的影响因素包括：内源性融资渠道中的教育事业收入占比、科研事业收入占比，外源性融资渠道中的教育补助拨款占比、科研补助拨款占比及其他收入占比。

6.6 东北地区高校办学经费融资结构对融资绩效表现的影响

6.6.1 多重共线性检验

为检验东北地区高校办学经费融资结构与融资绩效回归模型变量之间

是否存在多重共线性，合理解释最终结果的有效性，在进行回归分析之前，应对东北地区研究对象的变量指标进行相关性分析，通过相关性分析，得出变量相关系数矩阵，判断是否存在多重共线性。从表6.9中的相关系数矩阵可以看出，各解释变量之间的相关系数较大，所以模型可能存在多重共线性，故利用逐步回归法对模型进行检验并修正模型，进而展开回归分析。

表6.9 相关系数矩阵

	教育事业收入占比	科研事业收入占比	附属单位上缴收入占比	教育补助拨款占比	科研补助拨款占比	其他补助拨款占比	社会捐赠收入占比	利息收入占比	其他收入占比
教育事业收入占比	1.000	0.909**	0.821**	0.976**	0.868**	0.821**	0.744**	0.699**	0.816**
科研事业收入占比	0.909**	1.000	0.805**	0.872**	0.750**	0.619*	0.661**	0.802**	0.701**
附属单位上缴收入占比	0.821**	0.805**	1.000	0.881**	0.745**	0.660**	0.810**	0.502	0.730**
教育补助拨款占比	0.976**	0.872**	0.881**	1.000	0.862**	0.848**	0.796**	0.627*	0.780**
科研补助拨款占比	0.868**	0.750**	0.745**	0.862**	1.000	0.778**	0.541*	0.649**	0.905**
其他补助拨款占比	0.821**	0.619*	0.660**	0.848**	0.778**	1.000	0.548*	0.380	0.669**
社会捐赠收入占比	0.744**	0.661**	0.810**	0.796**	0.541*	0.548*	1.000	0.267	0.546*
利息收入占比	0.699**	0.802**	0.502	0.627*	0.649**	0.380	0.267	1.000	0.529*
其他收入占比	0.816**	0.701**	0.730**	0.780**	0.905**	0.669**	0.546*	0.529*	1.000

注：**表示当置信度（双侧）为0.01时，相关性是显著的；*表示当置信度（双侧）为0.05时，相关性是显著的。

6.6.2 东北地区高校办学经费融资结构对融资绩效表现影响的回归分析

东北地区高校办学经费融资结构指标变量存在多重共线性，所以，通过逐步回归法进行多元线性回归分析，在回归过程中自动剔除共线性指标，得到最优指标结果。东北地区高校办学经费融资绩效回归结果如表 6.10 所示。

表 6.10 东北地区高校办学经费融资绩效回归结果

变量	非标准化系数		标准回归系数	t	显著性
	B	标准误差	试用版		
（常量）	−6702.983	3158.254		−2.122	0.067
教育补助拨款占比	1.107	0.051	0.541	21.714	0.000
科研事业收入占比	1.210	0.065	0.228	18.741	0.000
其他收入占比	0.735	0.079	0.068	9.351	0.000
教育事业收入占比	0.751	0.130	0.146	5.782	0.000
社会捐赠收入占比	4.125	0.892	0.037	4.625	0.002
其他补助拨款占比	1.269	0.425	0.031	2.988	0.017

注：因变量：绩效。

基于以上模型，我们对东北地区高校办学经费融资结构与绩效关系进行了回归分析，探讨了东北地区高校办学经费融资结构对融资绩效表现的影响。具体体现在以下方面：

教育补助拨款占比的回归结果分析：从 6.10 中可以看出，教育补助拨款占比通过 0.05 显著性水平检验，标准回归系数为 0.541，t 检验值为 21.714。基于以上结果可以推断，东北地区高校教育补助拨款占比对其高校办学经费融资绩效存在显著影响，东北地区高校教育补助拨款占比越高，其高校经费融资绩效表现越好，高校在东北地区各大高校中的排名越靠前。

科研事业收入占比的回归结果分析：从表 6.10 中可以看出，科研事业收入占比通过 0.05 显著性水平检验，标准回归系数为 0.228，t 检验值为

18.741。基于以上结果可以推断，东北地区高校科研事业收入占比对其高校办学经费融资绩效存在显著影响，东北地区高校科研事业收入占比越高，其高校经费融资绩效越好，高校在东北地区各大高校中的排名越靠前。

其他收入占比的回归结果分析：从表6.10中可以看出，其他收入占比通过0.05显著性水平检验，其他收入占比的标准回归系数为0.068，t检验值为9.351。基于以上结果可以推断，东北地区高校其他收入占比与经费融资绩效关系显著，但其回归系数较小，影响相对较小。在实际融资过程中，东北地区高校其他收入融资金额少，占比小，对东北地区高校的办学经费融资绩效的影响相对较小，这条融资渠道正是东北地区高校的薄弱环节，是今后应该努力的方向。

教育事业收入占比的回归结果分析：从表6.10中可以看出，教育事业收入占比通过0.05显著性水平检验，标准回归系数为0.146，t检验值为5.782。基于以上结果可以推断，东北地区高校教育事业收入占比对东北高校办学经费融资绩效存在显著影响，东北地区高校教育事业收入占比越高，其高校经费融资绩效表现越好，高校在东北地区各大高校中的排名越靠前。

社会捐赠收入占比的回归结果分析：从表6.10中可以看出，社会捐赠收入占比通过0.05显著性水平检验，标准回归系数为0.037，t检验值为4.625。基于以上结果可以推断，东北地区高校社会捐赠收入占比与办学经费融资绩效存在显著性关系，但其回归系数较小，对东北地区高校办学经费融资绩效的影响相对较小。在实际融资过程中，东北地区高校的社会捐赠收入融资金额少，占比小，对东北地区高校的办学经费融资绩效产生的影响相对较小，这条融资渠道正是东北地区高校的薄弱环节，是今后的努力方向。

其他补助拨款占比的回归结果分析：从表6.10中可以看出，其他补助拨款占比通过 0.05 显著性水平检验，标准回归系数为 0.031，t 检验值为 2.988。基于以上结果可以推断，东北地区高校其他补助拨款占比对其高校办学经费融资绩效存在显著影响，但回归系数较小，对其高校办学经费融资绩效的影响不大。在实际融资过程中，东北地区高校获得的其他补助拨款金额少，占比小，对东北地区高校的办学经费融资绩效产生的影响相对较小，东北地区高校应该进一步提高管理绩效，争取获得更多的其他补助拨款。

从回归分析结果可以看出，东北地区高校办学经费融资绩效的影响因素包括：内源性融资渠道中的教育事业收入占比、科研事业收入占比，外源性融资渠道中的教育补助拨款占比、其他补助拨款占比、社会捐赠收入占比及其他收入占比。

第 7 章　主要结论与对策建议

高校的建设和发展离不开资金的支持，充足的教育经费能够满足高校稳定发展和“双一流”建设对经费的需求。总体来看，我国高校的办学经费融资渠道相对单一，且融资的规模有限，还难以满足教育需求的快速发展带来的现实需求。虽然政府仍将是高校融资的主要渠道，但拓展高校利用自身资源和社会力量办学的融资渠道是高校选择融资策略、进行融资策划不容忽视的理念和必须坚持的方向，这是增加高校办学经费的重要来源，也是现代大学的发展趋势和必然要求。基于此，考虑到数据来源的可得性、代表的普遍性和可比性，本书选择 76 所教育部直属高校对外公开的融资数据为样本，通过对高校办学经费不同时期、不同区域的融资总量、结构及模式进行比较分析，构建了高校融资水平评价指标体系，进而对高校融资水平进行了评价，并利用实证研究方法，对高校经费融资结构和融资绩效进行了回归分析，进而剖析了其对高校融资绩效的影响和成因。根据研究结论，提出了适合我国国情的高校办学经费融资模式及结构优化思路，以期提高高校经费融资绩效，提升高校办学质量。

7.1　主要结论

本书得出的主要结论如下：

第一，对高校办学经费融资总量、结构及模式的演进分析得出以下结论：我国高校的经费融资总量呈平稳上升趋势；经费融资结构呈多样性特征；经费融资模式呈多元化发展趋势，办学经费融资发展趋势良好。但融资过程中仍然存在对国家财政拨款外源性融资依赖性过大、经费融资结构不合理、对社会捐赠的吸引力不足等问题。

第二，对不同区域的高校办学经费融资总量、结构及模式的比较分析得出以下结论：首先，从不同地区经费融资的总量情况来看，东部地区办学经费融资总量最高，西部地区融资总量增长速度最快。其次，从不同地区高校办学经费融资的结构来看，结构最为合理的地区是东部地区，其财政拨款所占的比例适中，而占比更大的是事业收入。西部地区的结构是较为合理的，虽然对财政拨款依赖程度较高，但事业收入在全国仍能保持较高的水平。中部地区的结构是欠合理的，其对财政拨款的依赖程度较高，事业收入占比不如东部、西部地区高，但是科研事业收入在全国仍能保持较高的水平。而东北地区对财政拨款的依赖程度是相当高的，已经成为主要部分，事业收入占比低于东部和西部地区，且科研事业收入占比是全国最低的，这种融资结构是最不合理的。事业收入的总量和占比提升应作为未来高校发展应有的导向和目标，毕竟国家对教育的财政支出是有一定限度的，为了更好地发展，各高校更应该发挥带头作用，依靠自己的力量赢得更多的发展机会和启动科研、教学的资金。同时，各个高校应通过教学、科研的影响力拉动社会捐赠收入，这不仅有利于动员更多的社会资金发展教育，还能鼓励高校更好地激励和利用优质教学、科研成果推动高校的建设和发展。最后，从不同地区融资的模式来看，东部地区高校办学经费融资情况是最优的，采取以“事业收入”为主、“财政拨款”为辅的形式；而中部地区恰恰相反，采取以“财政拨款”为主、“事业收入”为辅的形式；西部地区采取以“财政拨款”为主、“事业收入”为辅，同时辅以“财政补贴和鼓励政策”的形式；东北地区则采取以“财政拨款”为主、“事业收入”为辅，同时辅以“其他途径或形式的财政支持或补助收入”的形式。这种差异性来源于经济发展水平的参差不齐，同时存在很多历史遗留问题和学校间的差异。最大的差异来源于东部地区经济的快速发展和高校的地域集聚所带来的整体教育的连锁效应。

第三，提出了高校办学经费融资水平评价指标体系构建的原则，并据此构建了评价指标体系；确定了评价对象及数据来源；对熵值法、变异系数法以及灰色关联度分析法等方法进行了比较和适应性选择，并对全国层面高校融资水平和东部地区、中部地区、西部地区、东北地区高校融资水平进行了评价。主要结论如下：

2014—2018 年，全国层面高校办学经费中内源性融资水平呈先降后升再降的趋势，外源性融资水平呈先升后降再升的趋势，综合融资水平呈先升后降再升的趋势。东部地区内源性融资水平呈先降后升的趋势，外源性融资水平呈先升后降再升的趋势，综合融资水平呈先升后降再升的趋势。中部地区内源性融资水平呈波动下降的趋势，外源性融资水平呈先升后降再升的趋势，综合融资水平呈先升后降再升的趋势。西部地区内源性融资水平呈先小幅下降后持续上升的趋势，外源性融资水平呈先持续上升后略有下降的趋势，综合融资水平呈先持续上升后略有下降的趋势。东北地区内源性融资水平呈先降后升再降的趋势，外源性融资水平呈先降后升再降的趋势，综合融资水平呈先降后升再降的趋势。

2018 年东部地区各省（市）内源性融资指数得分排名中浙江排名第一，外源性融资指数得分排名中浙江排名第一，综合融资指数得分排名中浙江排名第一；2014—2018 年东部地区各高校内源性融资指数得分排名中清华大学排名第一，外源性融资指数得分排名中清华大学排名第一，综合融资指数得分排名中清华大学排名第一。

2018 年中部地区各省内源性融资指数得分排名中湖南排名第一，外源性融资指数得分排名中湖北排名第一，综合融资指数得分排名中湖北排名第一；2018 年中部地区各高校内源性融资指数得分排名中华中科技大学排名第一，外源性融资指数得分排名中华中科技大学排名第一，综合融资指数得分排名中华中科技大学排名第一。

2018 年西部地区各省（市）内源性融资指数得分排名中重庆排名第一，外源性融资指数得分排名中四川排名第一，综合融资指数得分排名中四川排名第一；2018 年西部地区各高校内源性融资指数得分排名中西安交通大学排名第一，外源性融资指数得分排名中四川大学排名第一，综合融资指数得分排名中四川大学排名第一。

2018 年东北地区各省内源性融资指数得分排名中吉林排名第一，外源性融资指数得分排名中吉林排名第一，综合融资指数得分排名中吉林排名第一；2018 年东北地区各高校内源性融资指数得分排名中吉林大学排名第一，外源性融资指数得分排名中吉林大学排名第一，综合融资指数得分排名中吉林大学排名第一。

第四，根据高校办学经费融资水平评价指标体系的评价结果，对高校经费融资结构和融资绩效表现进行了回归分析，分别从全国及地区（东部地区、中部地区、西部地区和东北地区）层面出发，得出融资结构对高校融资绩效的客观影响，包括影响方向及影响显著程度，进而分析造成该种影响的原因。主要结论如下：

全国层面内源性融资渠道教育事业收入占比、科研事业收入占比和外源性融资渠道教育补助拨款占比、社会捐赠收入占比及其他收入占比越高，高校办学经费融资绩效越好，高校的排名越靠前。

东部地区内源性融资渠道教育事业收入占比、科研事业收入占比和外源性融资渠道教育补助拨款占比、其他收入占比越高，高校办学经费融资绩效越好，高校的排名越靠前。

中部地区内源性融资渠道教育事业收入占比、科研事业收入占比及附属单位上缴收入占比和外源性融资渠道教育补助拨款占比越高，高校办学经费融资绩效越好，高校的排名越靠前。

西部地区内源性融资渠道教育事业收入占比、科研事业收入占比和外源性融资渠道教育补助拨款占比、科研补助拨款占比及其他收入占比越高，高校办学经费融资绩效越好，高校的排名越靠前。

东北地区内源性融资渠道教育事业收入占比、科研事业收入占比和外源性融资渠道教育补助拨款占比、其他补助拨款占比、社会捐赠收入占比及其他收入占比越高，高校办学经费融资绩效越好，高校的排名越靠前。

7.2 对策建议

随着社会经济的不断发展，我国高校办学经费融资理念和方式也要适时调整，顺应时代发展和社会发展需要，积极推陈出新，注重融资顺序的选择，同时，注重多元结合，以降低融资成本，满足高质量办学需求。本节根据前文的实证分析结论，提出了高校多元化拓展办学经费、提升融资绩效的路径。

7.2.1 从政府维度出发，探索加大高校财政拨款力度，改善拨款方式

政府财政支出能力受到一定的限制，来自政府的财政拨款虽说基本能满足人才培养和科研能力最顶尖的几所高校的融资需求和办学经费需要，但其他发展水平处在中高端或较一般水平的高校受招生规模或科研能力不足等因素影响，获得的政府财政拨款不足，这样就出现了政府财政拨款对不同层次高等院校需求的满足程度不均衡的问题。就教育发展的结果而言，国内顶尖高等院校能拉动国内高等教育水平的提高，但高等教育水平的提高不是仅仅依靠几所一流大学就能达成的。否则，长久持续的结果就是，受到高等教育的人才出现断层，无法满足社会不同层次的需求。根据人力资本理论，对教育的投资能够直接提高生产力水平，对经济增长起到极大的推进作用。因此，政府应当从整体性考虑，加大对高校财政拨款的

力度，强化高校办学经费的外源性融资。同时，尽量改变专项拨款的模式，增加定额拨款，把办学的权力真正下放给高校。

7.2.1.1　探索加大对高校的财政拨款力度

在市场经济条件下，不容忽视的是政府政策乃至经济等资源配置行为对教育的影响力。教育是具有外部性这一明显特征的公共服务，然而却不受市场的控制，这时政府就扮演起“矫正者”和“支持者”的角色，同时也属于教育的“社会管理者”，政府对于教育起到的作用就是保证大众在各有所需的情况下满足公众对教育的需求，保证教育事业可以正常进行。

不管是美国的哈佛大学还是英国的牛津大学、日本的东京大学，国家财政拨款对这些高等院校来说都是一种不容忽视的融资方式。国家的财政拨款对高等院校来说是一项获得成本较低但是对其自身发展极具促进作用的资金。高校往往代表着国家最高水平的科研能力，它们的发展对社会有着巨大的经济与社会效应。我国中央财政教育支出从2010年的2547亿元，增长到了2018年的5008元，增长率达到了96.62%，年均增长率高达12.08%[①]，这说明中央正在加大对教育的投入。随着中国经济的进一步发展，为了保持我国的发展速度、科技在全球的领先地位以及对尖端科技的赶超趋势，国家势必持续加大对教育的投入，在既有的份额分配格局中，高校的财政拨款经费也会持续增加。因此，政府将仍然是教育主体进行融资的主要渠道。在经济转型的未来发展阶段，在高校公办的属性不能改变的前提下，高校的办学经费融资更是需要依靠政府进行投资，以保证完成社会对高校的要求及高校事业的发展正常进行。

在政府努力增加对高校财政拨款的同时，需要考虑的问题首先是政府并不是对任何高校都进行投资，如何对高校进行投资以及投资的多少等问题应该根据不同情况进行决策。其次，高校的性质和能力是有差异的，对

① 《教育部　国家统计局　财政部关于2010年全国教育经费执行情况统计公告》《教育部　国家统计局　财政部关于2018年全国教育经费执行情况统计公告》。

社会、国家的贡献也是不同的，故而研究政府对高校的资金投入，必须考虑多重因素。高校应该充分发挥国家财政拨款的作用，使高校的发展切合国家发展战略的需要，满足地区发展的需求。各高校应该把资金投入到关系地区与国家发展的科研项目中，集中资金与师资力量完成具有社会价值的科研项目，让政府与社会有一定的回报感。这样不仅有利于高校集中力量提升自我科研水平与科研成果转化能力，客观上也使得政府源源不断的、增加的资金拨款符合绩效原则。

7.2.1.2 政府拨款以绩效为导向

公立高校的建设发展离不开政府的拨款。在我国高校经费融资来源中，政府拨款无疑仍将是融资的主要渠道，但根据绩效管理理论，我国的教育拨款制度应逐步引入绩效拨款机制，政府应将其与高校的绩效相联系，改革完善高校拨款机制，将绩效作为拨款的存量确定和增量论证的导向性指标，最终实现绩效管理全覆盖。

第一，传统的政府对高校的拨款机制并没有考虑对教育的产出、教育的效益等指标，很长一段时间内只是采用“基数+增长”的模式对高校进行一定资金的投入，结果必然导致拨款的不公平问题出现。在绩效拨款机制的应用及其产生的激励机制中，绩效成为政府增加拨款的依据，资金的使用效益也会显著提高。

公共经费短缺是现今制约高校发展的主要问题，政府将绩效评估结果纳入拨款核定体系，将更加公平地建立拨款机制，促进公共资源的科学、合理分配，增强政府拨款的透明性、公平性、合理性，同时减少资源的浪费，使资金使用效益达到最大化。

第二，政府拨款容易存在不透明的现象，如果相关工作人员徇私舞弊，就会造成资金分配不均衡，因此，应重视政府对高校的资金拨款行为，建立相关部门，做到每一笔拨款都是公开、公正、透明的。同时引进竞争机制，增加高校的责任观念，提高其效率，使其获得更多政府的拨款。高校有着强烈的责任观念和效率意识有利于高校的公平竞争，进而提高高校的教学质量、科研产出质量。

第三，不同的高校有着不同的内涵建设，因此政府给予的拨款存在着不同的可能性。国际化的高等教育格局中存在强烈的竞争意识和先进的引领意识，我国高等教育在这样的环境中就需要转变发展思路，并适应现代社会的发展，因此促进高校的教学改革、完善现有机制、开发潜力尤为重要。竞争能力强，发展的潜力大，政府拨款的可能性也会增加，进而高校还会改变传统的外延发展模式，形成内涵建设的新型模式，从而不仅提高了教学、科研质量，还增加了政府拨款的可能性。政府并不是对每一所高校都进行拨款，因此，要保证高校与政府之间的拨款得以公平公正地进行，可以利用高校之间的绩效评价模式，凭借其绩效拨款。将绩效作为政府拨款金额的评价标准，既可以做到拨款公正又可以激励高等院校发展。同时，采用高校绩效拨款机制，可以有效地解决政府拨款存在不均衡、资金的使用效率低下、资源分配不合理等问题。

第四，在经费分配问题上，需要按照基本定额经费和专项经费进行分类，并实施分类管理。第一部分基本定额经费是政府对高校依据其规模核定的经费，这部分经费主要用于高校的基本运行和稳定发展。这部分定额经费的分配也要尽可能与高校的绩效挂钩，并反映高校办学的差异性和特性。对评估绩效高的高校可以增加相应的定额拨款，并且可以纳入滚动预算予以支持。这样既可以激发高校的发展潜力，又可以保证高校在一定时期的发展具有稳定性。第二部分是为保障教育可持续发展核定的专项拨款，这部分资金需要对不同等级和不同发展程度的高校进行分类，并对这项资金的支出进行一定的体系建设。如根据高校的申报建立项目库制度，对项目进行审核评估，根据评估的结果核定专项支持资金。这类资金在同一年内不得多次申请，未经核准的项目不予拨款。高校获得的教学改革资金、人才培养资金、特色发展引导资金、重点项目培育资金、基本科研经费等专项拨款必须以绩效考核标准为目标，优化使用，在不同的领域进行创新和发展，增加产出，将发展重点放在教学水平、科研水平以及办学质量的提升上，通过内涵式发展，为国家培养出更多、更优秀的人才。

7.2.1.3 加强对高校办学经费绩效的审计、评估和监督管理

应该建立或者完善我国高等教育经费收支的审计和管理方面的相关法律。让高等教育办学经费处于公开、透明的大环境下，有利于科研人员开展科研活动，减少烦琐的管理程序对他们科研时间的侵占。

对于办学经费，应该在最有利于高校科研水平提升与整体办学能力提高的方向集中使用。加强办学经费的审计与管理，避免高校对办学资金的无效化、任意化、随意化使用。明确各级政府对高校的投入职责，减少当地经济落后对高校发展造成的限制，避免高校因所处地理位置而陷入衰退的泥潭。经费的有效使用是高校经费规模拓展和结构改善的最终目标。

政府应该下放高校应有的权力，但下放权力不意味着放任其发展，而是采取“该松时松，该紧时紧”的监督管理与帮助扶持并存的方式，建立明确的规章制度，界定“高校能做”与“高校不能做”的清单。这样高校便可以在明确的规章制度下，充分发挥自身优势，将目标放在提升办学质量上。与此同时，政府应协助高校进行评估，在评估的过程中发现问题及时纠偏，助力高校达成提升办学质量的目标。在建立办学质量监督机制的基础上，还应该建立与高校相匹配的二级制度。比如：在学费标准方面，根据成本分担理论，受教育者为了得到更优质的教育，应该承担个人部分的教育成本，而现有的学费标准远远低于这一成本。政府可以规定学费标准的上限或调整规则，并给予高校一定的自主定价权，由高校结合自身实际情况及成本测算核定本校学费标准。在高校人事制度方面，应当给予高校自主选择权，编制、户口等不应该成为阻碍人才引进的障碍。在招生方面，可以取消批次录取模式，让招生模式更加开放、更加自主，让学生与学校可以双向选择，增加同级别学校之间的竞争程度，在良好的竞争环境

下，高校的办学质量会有很大提升。

7.2.2　从高校维度出发，拓宽办学经费融资渠道，完善内部配套机制

7.2.2.1　充分利用教学、科研资源，拓宽办学经费内源性融资渠道

根据融资优序理论，融资主体需要融资时，应首选内源性融资，对于高校来讲，就要首先选择教育事业收入、科研事业收入等内源性融资渠道进行融资。

（1）努力提升社会服务水平和声誉。

高校要想在办学经费融资的过程中减少社会上的阻力，就应该注重平时在社会服务过程中树立自己的良好形象、地位和声誉，通过不断提高对社会的服务规模和质量水平，增加社会对其的认可度。

第一，从系统论的角度来看，高校的价值不仅应该体现在为地方的服务上，更应该体现在将其社会性的服务直接运用在所培育的人才、文化的传承上，进而才会与社会产生互动，推动高校的发展。高校的师资队伍优秀、素质良好，并且学校的教授、知名学者的讲座、论坛等形式的知识传播都会对学生产生一定的影响，优秀的学生进入社会后对高校提高社会服务水平就起到了直接或间接的作用。

第二，高校提高社会服务水平还可以体现在合作完成科研任务上。在高校里，科研是突出高校与众不同甚至独具一格的主要特点，只有发展好科研，将学校特色和优势与科研相结合，不断探索与创新，展现新的杰作，解决实际问题，才能有力推动当地的科学发展和科研成果的应用，进而推动当地经济与社会的发展。高校应充分发挥自身的优势，建立专业的科研部门，有针对性地为当地经济和社会发展需求提供相对应的科研服务，准确判断经济、社会的发展形势，在提高自身科研能力的同时，将智力资源贡献于国家、贡献于社会，这样才能不断提高自身在社会上的认可

度和知名度，不断提升社会声誉，从而吸引社会资源投放于高校。与此同时，要不断增加科研事业收入。

第三，高校注重自身的文化传承，有助于提高社会服务水平。高校的文化传承不仅指课本中的文化知识，还有我国文化精髓中的传承精神。高校可以通过举办相关的论坛互动，进行文化行业的创办活动，来引领文化的传承精神。通过发挥其专业的优势和知识技能举办相关的论坛等，与国外交流、与社会交流等，都有助于中华文化的传播和传承。文化传承不仅需要与时俱进的理念，还需要后期持续不断的人才培养、塑造和继续教育。高校通过对校内资源的合理和综合利用，可以使继续教育等成为文化传承的路径。因此，高校可以提供相关的行业继续教育和技能培训等服务，为创业者、就业者提供咨询、指导、研究、介绍等多种形式的公共服务，这样不仅可以促进社会的进步，还会不断提升学校的公众形象，同时增加教育事业收入。

第四，学校应建立相关的社会实践区域，如创客空间等，在社会中拓展公益服务。教育的根本之道就是教书育人，立德树人。因此建立相关的社会实践区域可以提高学校师生理论联系实际以及解决实际问题的能力，提升其为社会服务的积极性和技能。拓展性公益服务还会加快提升周边落后区域的教学质量，有助于加快社会对知识文化价值的认同，有助于增强师生对社会的责任感，进而起到社会示范作用，提高高校的社会影响力。

（2）积极争取教育、科研事业收入。

教育事业收入的主要来源为学费收入。根据成本分担理论，受教育者为了得到更优质的教育，应该承担个人部分的教育成本，但高校学费标准的制定由政府管控，现有的分担办学成本的能力极其有限，有的高校学费标准已有十余年未曾调整，与物价上涨和社会居民收入水平持续上升的状况严重不符。这种局面的客观结果就是国内大多数高校的办学经费只能在很大程度上依赖财政拨款。政府可以规定学费标准的上限或调整规则，并给予高校一定的自主定价权，由高校结合自身实际情况及成本测算核定本校学费标准。总体说来，国内高校在办学经费上还有提高的空间，可以借鉴西方国家的例子，积极开拓海外市场，增加留学生学费收入。中国作为世界第二大经济体，不管是经济硬实力还是文化软实力都对海外留学生有着较大的吸引力，各高校作为中国高等教育的领先者与代表者，更应该在国际上加大宣传力度，积极研究规范的留学生招生流程与标准的留学生培养方案，在创造更多学费收入的同时提升自身的国际知名度。

随着经济转型的发展演进，高校应积极研究国家政策，努力拓宽办学融资渠道，使其办学经费融资渠道更加多元化，经费融资资源既具有内部的自我反哺能力，又具有更强的抵御外部冲击的能力。具有较强科研实力的高校科研事业收入较高，经费相对充裕，因此应该充分发挥自身的重点学科的优势，主动“走出去”与社会各类企业开展校企合作，这样不仅能够增加其科研事业收入，还能让在校师生在实践中提升自己的学术能力，进一步提高本学科的科研能力。同时，成功的校企合作能够让学校收获良好的声誉，有利于更多科研合作的展开与学生的就业以及对优质生源的吸引。

7.2.2.2　充分发挥融资组织和管理机构的功能，拓宽办学经费外源性融资渠道

高校的建设和发展离不开资金的支持，虽然财政拨款仍将是高校外源性融资的主要渠道，但拓展办学经费的融资渠道是高校选择融资策略、进行融资策划不容忽视的理念和必须坚持的方向，这是增加高校办学经费的重要来源，也是现代大学的发展趋势和必然选择。高校在建设过程中，可依托高校的教育基金会、校友会以及投融资管理机构等进行社会办学融资。

（1）充分发挥教育基金会的融资功能。

欧美国家高校的社会捐赠收入往往是办学经费融资的主要来源，如哈

佛大学社会捐赠收入占办学经费融资总量的1/3，是其办学经费融资的主要来源。反观国内高校，这一项收入的占比极低。

教育基金会是为了发展教育而建立的基金会，属于资助教育的社会中介组织，它一般是非政府且非营利性的、致力于完善国家教育事业的社会组织。教育基金会的成立原因主要是现今的高等教育已经变得大众化，各个地区的高等院校数量逐渐增加，然而财政拨款的金额是有限的，高校办学经费紧张的问题逐渐凸显，因此更多高校为了筹集更多的发展基金，建立了面向社会融资的教育基金会，可见发挥好基金会的融资功能是极其重要的。如何建立并完善教育基金会是直接关系到高校发展的主要因素，会影响到高校的一系列学生培养、教学质量、科研水平等方面的问题。高校设立教育基金会后，一定要充分发挥其面向社会的融资功能。

第一，应注重培养和优化教育基金会的融资队伍。教育基金会工作成效在相当程度上依赖融资策划，因此也可以说融资策划是决定教育基金会成败的核心，好的融资策划可以起到事半功倍的效果。融资策划人作为整个教育基金融资活动的策划编辑者，通过对融资项目的意义、发展前景进行研究，对可能的教育基金捐赠人进行筛选，综合运用心理学、社会学、市场营销学等能力对捐赠者进行搜寻、交流和游说，以达到提高融资成功概率的目的。因此应大力加强融资策划人的培养，提升其融资策划能力，提出策划优选方案并组织实施，这样有助于教育基金会不断发展壮大，其对高校的回馈也有益于高校学生的扶助、高校基础设施的建设和高校整体的进步与发展。

第二，应充分发挥激励机制的功能，提高融资的成功率和发展效率。高校基金会应建立分级的工作机制，从校级到院级层层推行重心下移的体制，层层明晰职责并实施激励政策。激励要有针对性，对融资团队的工作人员的激励应该具有长期性、专业性以及稳定性，满足其对经济收入、成就感、社会性的需求，激发其工作热情，为高校的发展筹集源源不断的资金。

第三，教育基金会应高度重视校友群体，充分利用校友资源募集教育基金。校友是对母校充满丰富情感和怀念的群体，他们对母校进行捐赠通常源于就读于母校时期的经历和成长，感恩母校的培养。因此，对于在校的学生，应该培养其对母校的认同感；对于已经离开母校的校友，要为其交流提供畅通的平台，通过丰富多样的校友联谊活动，建立各界校友平台，在密切校友之间联系的同时，探究个体或联合回馈母校的可能性和机会。

第四，加强高校基金会的自我宣传，增加公众对其的认知度。非校友的社会捐赠收入同样值得各高校重视，这就需要各高校满足社会需求，为地区经济发展做出贡献，以提高声誉来吸引更多的非校友的社会捐赠。同样以哈佛大学为例，每年为哈佛大学进行捐赠的个人或团体，很大一部分并不是哈佛大学的校友，他们对哈佛大学的捐赠完全是被其国际知名度与国际影响力所吸引，认为捐赠给哈佛大学，他们的资金将得到个人与社会效用的最大化。各高校应该主动积极联系更大的公益基金会，以获得更多的捐赠。高校基金会应该充分利用高校这一平台，不仅对在校学生进行宣传，还应该对毕业的校友进行宣传，向社会广泛宣传，增加人们对教育基金会的认可度，使其增强捐赠的意愿，提高捐赠的热情。

（2）充分发挥校友会平台的功能和作用，积极争取社会捐赠收入。

资源依赖理论和社会网络理论证明，校友是高校发展和融资办学必不可少的主要动力之一，校友在学校融资过程中发挥着举足轻重的作用，不容忽视。基于这一理论及其实践，各高校基本上都建立了自己的校友会，并通过建立校友会的共享资源平台进行办学经费的融资，其主要形式就是校友捐赠。大学校友捐赠是一项比较复杂的行为，与学校的目标是否明确、组织是否完善、是否进行市场化运作、工作体系是否流畅等都息息相关。为了充分发挥校友会平台的功能和作用，我们需要改进和完善如下几方面：

第一，建立健全校友会。一名学生在毕业后为所在的母校提供资金的捐赠可以说是每所大学都应该去发掘的资源。因此，高校需要高度重视校友，并充分利用好这一资源，把校友会的工作作为高校联系社会的重要工作，并将其纳入学校的整体发展目标，进行科学、有效的规划。建立健全校友机构可以使校友与校友、校友与学校之间的关系更加紧密。在我国的公立大学中，学院是承担高校校友会工作的主要机构，因此学校应该建立好学校与院系之间的校友组织，充分鼓励教职员工增强与校友之间的联系，加强对外宣传，制定相关章程，规范校友会工作等。

第二，构建专业的校友工作团队。校友会是一个校内组织，与学校有关，但同时也是一个独立的个体，因此应该将校友会作为一个相对独立的部门进行建设，并且应该为校友会设立一个筹资管理部门。校友会工作团队应由热爱捐赠事业、有很强的社会责任感并对大学融资任务充满热情的人员组成。这些人员要熟悉大学校园和教育事业的发展现状，能有机地将大学的发展与校友联系起来。基于开展工作的需要，校友工作团队应具备较高的文化素质和专业能力，如具备法律学、金融学、社会学、心理学等专业知识，具有良好的沟通能力、危机解决能力、文案写作能力、营销能力等。高校要构建良好的校友工作团队，不断达成工作目标，壮大校友基金会，赢得更多校友的捐赠。

第三，营造并培育出积极健康的校友文化。校友文化对一个大学的影响是非常重要的，属于学校文化中不可忽视的重要部分，可以体现校友、母校的精神面貌。因此，必须注重校友文化，传承传统文化中重视地缘、人缘、血缘等人文交流要素，弘扬“校友与母校共荣辱”的价值观，将其作为维系校友之间、校友与学校之间等的感情的主要机制。

第四，建立一个良好的捐赠环境。捐赠环境良好也是影响校友捐赠决策的主要因素，建立一个和谐、良好、为社会服务的捐赠环境是有很大影响的。在大学的整体环境中，教学环境、自然环境、人文环境等都会影响到每一位学生。捐赠者的姓名留在校园的任何一处，都会让学生感受到捐赠的氛围。这种捐赠环境的熏陶，有利于培养每个学生在校期间的母校情结，捐赠意识也就可能潜移默化地形成。

（3）利用高校投融资管理机构做大高校资金池，提高其利用效率。

高校投融资管理机构是高校在社会上进行融资的主要渠道之一，这类机构不仅可以面向社会为高校融资，还可以对高校的各个资金来源，如政府的投入、内部的事业收入、基金投资的盈利等进行管理。高校可以在社会服务类行业中筛选投融资管理机构，也可以在高校控股公司的基础上设立和运营投融资管理机构，其主要职责就是为高校解决发展过程中资金短缺的问题。

高校投融资管理机构的管理和完善应重点注意以下几个方面：一是对工作团队工作素养、能力的管理和塑造。设立投融资机构的目的就是为高校筹集社会资金，因此要求工作团队具备相关的金融和法律知识、良好的职业道德素养、筹措资金的能力，进而保证高校融资合法、合规。二是加强与投融资主体的沟通。高校投融资管理机构在开展工作的过程中主要面对的是社会投融资机构、校友或者是高校的教职工，良好的沟通和联系有利于增强他们对学校的认可程度，进而有利于推进教育经费筹措任务目标的完成。

7.2.2.3　强化高校内部管理，提升资金配置绩效

（1）加强内部配套管理制度的建设。

第一，建立办学质量监督配套机制。高校应具备自身的办学质量发展思维，如果失去自身发展思维，一味按照政府行政方式来对待高校的办学方式，不仅不会促进高校办学质量的提升，还会适得其反。高校应制定充分适合自己实际情况及学校现阶段发展目标的章程，同时，要在政府协助下进行评估，在评估的过程中发现问题及时纠偏，保证办学质量提升的目

标达成。高校办学质量的快速提升意味着高校办学经费的融资绩效的显著，进而会获得更多来自政府的绩效拨款，而社会的教学科研需求增大，也会吸引更多社会捐赠等。

第二，加强配套管理制度建设。提升办学质量，受益者是高校自身和学生，因此在建立办学质量监督配套机制的基础上，还应该建立与高校相匹配的二级制度。比如在高校人事制度上，应尽量做到在校老师同工同酬，这方面也需要有相匹配的制度。鼓励教师申请科研项目，对科研成果特别是原创性的项目应给予适当的奖励，奖励应按比例发放给每一个项目参与者，包括学生，从而调动教师和学生的科研积极性。据此机制进行的高校办学经费的配置，最终会在人才队伍建设、师资水平的提升、学生的特色培养等影响办学质量方面体现其优化的效能。

（2）提升资金配置绩效。

根据绩效管理理论，提升资金配置绩效对于提高高校教学科研能力、提升办学质量具有重要作用。一方面，积极完善高校财务预算管理制度，可确保高校办学经费高效、科学使用。首先，健全财务管理制度。为了确保高校财务管理制度的系统性、有效性、公平性，应该健全财务管理制度，坚持制度先行，严肃制度执行。要明确规定学校应该编制预算，并严格依照预算执行，确保办学资金的使用符合经费使用范围和标准。其次，具体问题，具体分析。学校应该结合自身的实际情况，制定预算管理制度；坚持校长亲自管理，重大开支需要经过校长办公会、党委常委会审核通过；加强内部监督和控制，避免出现领导乱花钱、不公开经费支出等情况。

另一方面，提高高校管理人员能力和素质。第一，提高学校校长的财务管理素质。校长是财务管理的第一责任人，为了提高学校办学经费使用效益，应该着力提高校长的管理能力，增加其财经、法规知识，完善校长培养、培训体系。第二，提高财务人员业务素质。财务人员与经费管理直接相关，为此，应该加强对财务人员的业务培训，提高其业务水平、职业道德素养。第三，组织高校间交流、共享。应实现优势互补，提高各高校财务管理水平，同时发现各高校财务管理中存在的问题，以便及时改善。

此外，强化项目负责人责任制，建立健全科学的会计核算制度、信息公开制度、科研经费内部检查制度、项目考核评价机制，加强经费配置绩效评估，注重提升经费配置效益，着力提升高校办学水平。

（3）倡导办节约型大学的思想。

节支的逻辑结果就是有相对多的资源用于高校的发展，因此，开源节流、增收节支永远是相辅相成的、难以分开的一个主题的两个方面。将“过紧日子”措施落实到学校的各项工作中，把资金用在关键之处，努力建设节约型校园。

高校的发展靠的不仅仅是外界政府、社会力量或者其他资金组织的基金投融资，自身对资金的合理、节约、有效利用也是很重要的。一些高校资源的配置存在不合理的现象，例如，教育资源配置不合理；内部机制不完善，存在隐形成本；等等。因此，创建节约型高校、倡导节俭办大学的思想应成为高校可持续稳定发展的重要指引。

第一，以校园规划为出发点，着力规划建设节约型校园。高校应科学、合理地对校园的土地等资源进行优化配置和利用，不应提倡兴建大量的广场、观景台或者是人工湖等浪费资金、浪费土地的行为；应合理地布局绿化带，增加适度的容积率；校园内的土地不宜进行变相的商业开发，导致产权关系的混乱和校园管理风险；在水资源利用上，要注意资源的合理利用，避免造成水资源的浪费；要采用先进和创新的技术推动水资源回收和循环利用，避免污染物的随意排放等。

第二，注重公共资源的合理建设和保护。高校由于人口聚居，通常是水、电资源的消耗大户，近年来出于管理方式等各种原因，几度出现了高校水、电等能源的消耗远远超过普通居民的平均消耗水平的现象。这种受益者和承担者分离的现象应该加以控制。高校应该建立与本校的实际情况相结合的管理机制，例如，明确安装、维修、收费等程序，并明确违规行为的责任；建立稽查小组，负责施工工地、教学楼、实验楼等资源的稽查；通过强化管理手段等途径，保证水、电等资源的合理利用，杜绝浪费，促进环境保护。

第三，转变观念，建立绿色、节约型校园。在近几年经济发展良好的环境中，人们对节约理念的关注度逐渐降低。在高校应该重新树立这种勤俭节约和绿色发展的思想意识，在校园里将其理念完美地贯穿在学生的学习生活中、教师的教学科研中、校园的后勤以及行政服务中等，从而树立管理育人、服务育人、环境育人的意识。不仅要求教师传授专业的知识，还要求教师有意识地对学生的节约资源、环境保护、绿色发展等意识进行引导。对学生，要加强节约能源、减排增效的宣传工作，可以通过倡议书、大讨论的形式强化学生意识。后勤管理部门也要树立和完善节约能源、绿色环保的服务意识和服务机制，协同学生从我做起，节约每一度电、每一张纸、每一粒米，爱护学校每一棵树、每一张桌椅等，减少消耗，让人人做贡献。

第四，高校中很多科研实验会使用一次性物品，高校也是一次性物品的重点使用者。为促进节约和绿色发展，保护环境，应倡导高校在同样的条件下尽量使用替代实验耗材，减少一次性物品的使用，减少垃圾和废弃物。

7.2.3 从社会维度出发，积极培养社会共同办教育的理念

我国高校办学经费融资渠道的多样化局面已经基本形成，但各个渠道所占比重不够合理，每年来自社会捐赠收入的占比极低，科研事业收入占比还有很大的上升空间，说明个人和社会对投资高校的理念和意识还没有形成。

个人及社会的捐资集资是教育经费融资来源的重要补充，政府应该积极地引导其投身于高校建设。社会力量应把高校投资作为贡献社会、尽社会责任的一种义举。这种行为是值得赞颂的，且是政府积极倡导的，这种条件下的社会捐赠收入是集道德、经济、法律于一体的行为①。为鼓励个人和社会向高校捐赠，应该不断建立和完善社会捐赠收入奖励制度。

同时，高校往往代表着国家某些领域最高科研水平，社会应该重视校企合作。较高的科研能力能给企业带来技术上的创新，企业则以社会捐赠、校企合作的方式回报高校，这样高校才有充足的经费投入科学研究、师资队伍建设，由此形成一个良性循环，使得学校能更好地发展，提供社会需要的人才。因此，校企合作在一定程度上能够推进经济和社会的发展与进步。

① 邱楠楠．我国普通高等学校多元化教育经费来源研究［D］．郑州大学，2013.

参考文献

[1] 陈武元．美日两国高校经费筹措模式及其对我国的启示［J］．高等教育研究，2018，39（7）：99-109.

[2] 徐捷．高校科研经费信息公开现状及对策研究——以北京市、陕西省29所教育部直属高校为例［J］．会计之友，2018（17）：98-101.

[3] 刘景艳．基于内部审计视角的地方院校教学经费管理问题研究［J］．中国市场，2018（27）：136-137.

[4] 李晶．“双一流”背景下高校财务建设的对策研究［J］．商业会计，2018（14）：103-105.

[5] 田五星．新时代我国高等教育的经费投入与有效管理研究［J］．会计师，2018（13）：70-73.

[6] 王萍萍．发达国家高等教育的特色及启示［J］．中国高校科技，2018（7）：48-50.

[7] 徐艳．陕西省高校科研经费投入对经济增长的影响研究［D］．西安理工大学，2018.

[8] 付静，吴云勇．我国各地区间高校产权结构重组的比较研究［J］．党政干部学刊，2018（6）：50-55.

[9] 张英婕．非财政性高等教育经费：来源、问题与建议——基于对上海市部分公办高校审计结果公告及调查情况的分析［J］．生产力研究，

2018（6）：151-152，155，160.

［10］徐志强．我国普通高校财政支出差异及对策研究［D］．中国财政科学研究院，2018.

［11］薛海清．民国时期私立学校经费筹措研究［D］．华东师范大学，2018.

［12］付静．高校产权结构重组研究［D］．沈阳师范大学，2018.

［13］邢臻．我国民办高等教育财政支持政策研究［D］．哈尔滨师范大学，2018.

［14］崔浩田．理工类地方高校科研效率区域差异及影响因素研究［D］．河北经贸大学，2018.

［15］李臻．高等学校教育成本计量方法研究［D］．兰州大学，2018.

［16］张璐晶．全国人大代表、教育部原副部长杜玉波：加大对地方高校经费支持力度［J］．中国经济周刊，2018（12）：61-62.

［17］陈文莎，彭晓虹．高校经费自给率与高校发展的关系研究——以教育部直属高校为例［J］．会计师，2018（5）：65-67.

［18］杨希．一流大学建设的效果可持续吗？——高校经费累积效应及其对科研产出的影响研究［J］．教育与经济，2018（1）：80-87.

［19］苏荟，孙毅．我国高校科研经费投入与科研进程关系实证研究——以1997—2015年自然科学研究为例［J］．科技进步与对策，2018，35（4）：126-131.

［20］张红，秦留志，倪筱楠．浅析地方高校经费支出控制问题［J］．中国管理信息化，2018，21（3）：6-7.

［21］唐静，付妍，王依然．西藏高校资金使用效果及其评价探究［J］．西藏民族大学学报（哲学社会科学版），2018，39（1）：131-135.

［22］赵亚芳．我国高等教育财政性经费支出问题研究［D］．郑州大学，2018.

［23］齐书宇，纪效珲．我国高校经费供给侧的问题、成因及对策研究［J］．高教探索，2017（12）：41-46.

［24］张杰．南京国民政府时期高校学生管理研究［D］．苏州大学，2017.

［25］胡园婷．事业单位改革背景下我国高校教育经费保障问题研究［J］．知识经济，2017（21）：65-66，68.

［26］郝麟．基于麦肯锡 7S 模型的优化高校经费收支［J］．国际商务财会，2017（10）：59-62.

［27］龚冷西．高职教育经费投入改革研究［D］．西南大学，2017.

［28］白静，张国栋．大学筹资结构、高校规模与科研产出的实证研究——以美国世界一流大学为例［J］．教育发展研究，2017，37（17）：16-23.

［29］王旭．C 高校科研经费内部控制问题与对策［D］．天津财经大学，2017.

［30］张亚鹏．高校经费投入等级划分机制分析［J］．合作经济与科技，2017（15）：166-168.

［31］胡敏．“双一流”建设财政控制的地方实践困境与改进［J］．华南师范大学学报（社会科学版），2017（4）：74-79，190.

［32］高升，孙会荟．高校经费来源结构与财务风险问题研究［J］．江苏商论，2017（7）：124-125.

［33］赵冉，乐志强．不同类属普通高校财政配置结构的均衡问题研究［J］．黑龙江高教研究，2017（7）：10-15.

［34］刘敏．关于英国高校慈善捐赠的研究［D］．福建师范大学，2017.

［35］邢丽娜．世界一流大学经费水平和结构研究［D］．浙江工业大学，2017.

［36］王欣丽．陕西省高等教育对地区经济增长的贡献分析［D］．内蒙古师范大学，2017.

［37］牛妍妍．世界一流大学经费收支结构研究及其对我国的启示［D］．江苏师范大学，2017.

［38］朱青．高等教育效率评价及影响因素研究［D］．西南大学，2017.

［39］朱光宇．教育制度与地区经济增长［D］．武汉大学，2017.

［40］郑伊从．独立后印度高等教育经费投入问题研究（1947—2006）［D］．广西师范大学，2017.

［41］孙润花．我国高校社会捐赠收入研究［D］．西北大学，2017.

［42］杨佩．创新驱动背景下陕西高教强省建设的策略研究［D］．西北大学，2017.

［43］段茹楠．高校校院两级财务管理体制改革研究［D］．华中师范大学，2017.

［44］丁梦鸽．近年来我国居民普通高等教育支付能力变化研究［D］．华中师范大学，2017.

［45］安林静．中美高等教育经费投入比较及启示［J］．湖北函授大学学报，2017，30（8）：33-34.

［46］江洁．我国不同层次高校教育经费来源结构研究［D］．西南大学，2017.

［47］方芳，刘泽云．普通高校经费收入结构对生均经费的影响［J］．高等教育研究，2017，38（3）：56-64.

［48］林霞．地方性高校科研经费管理体制研究［D］．苏州大学，2017.

［49］尤莉．高等教育发展性经费供求前景研究——基于河南省普通高校教育经费问题的分析［J］．教师教育学报，2017，4（1）：74-86.

［50］宋玲．地方高等院校学术资本主义趋势初探——以教育经费投入差异为考察视角［J］．教育理论与实践，2017，37（3）：6-9.

［51］赵世林．高校公共资源配置及其精准化供给研究［D］．东华大学，2017.

［52］杨平波，朱雅斯．英国高等教育经费筹措方式及启示［J］．财会月刊，2016（36）：100-104.

［53］张山，谭建立．PPP 模式与高校发展路径的思考［J］．教育理论与实践，2016，36（33）：3-6.

［54］赵方亮，祁晓．高等教育经费投入保障机制研究——以黑龙江省高校为例［J］．商业会计，2016（21）：82-85.

［55］黎明国．越南公立高校财务管理改革研究［D］．华中师范大学，2016.

［56］史张宇．西部地区省属本科高校教学经费投入优化路径研究——以西安 X 大学为例［J］．商，2016（33）：59.

［57］呼婷婷．基于绩效导向的高校教育经费投入的探讨［J］．中国总会计师，2016（9）：108-109.

［58］鲁玮．江苏省高校科研经费管理研究［D］．南京邮电大学，2016.

［59］张曾莲，付含．中国香港高等教育经费绩效评价与提升研究［J］．教育科学，2016，32（4）：64-75.

［60］赵方亮．后 4%时代高等教育经费投入保障机制研究——以黑龙江省高校为例［J］．教育财会研究，2016，27（4）：6-10.

［61］冯江南．高校科研经费收入界定及所得税纳税义务的探讨［J］．财会学习，2016（15）：168.

［62］李世奇．民办高校经费筹措风险规避策略研究——一种政策工具选择分析范式［J］．黄河科技大学学报，2016，18（4）：45-50.

［63］黄快林．国内外高校财政经费投入模式比较分析及启示［J］．湖南人文科技学院学报，2016，33（3）：50-55.

［64］寇文淑．中美高等教育经费投入渠道的比较研究［J］．焦作师范高等专科学校学报，2016，32（2）：54-56，71.

［65］纪素芬．高校财务管理制度存在的不足及改进建议［J］．现代营销（下旬刊），2016（6）：151.

［66］夏丹．内部审计对高校科研经费管理影响的探讨［J］．现代经济信息，2016（12）：191.

［67］王春举．基于内部控制的高校经费监管体系构建研究［J］．教育财会研究，2016，27（3）：25-31.

［68］孙雪萌．美国高校教育经费来源结构浅析［J］．亚太教育，2016（16）：192-193.

［69］李未．地方高校教育经费筹措的困境与对策研究［D］．湖南农业大学，2016.

［70］李艳．新疆与其他少数民族省区高等教育发展状况的比较研究［D］．北京林业大学，2016.

［71］王玉丽．我国民办高校融资模式研究［D］．华侨大学，2016.

［72］曾玖林．长江经济带高等教育投入与区域经济发展关系研究［D］．重庆工商大学，2016.

［73］王鹏，陈迅，马京伟．中国高校经费投入、研发规模与科研产出——基于双门限模型的分析［J］．研究与发展管理，2016，28（3）：134-142.

［74］张洁．高校经费来源趋势分析［J］．经贸实践，2016（10）：38，40.

［75］吴肖梦．高校经费资源对其办学绩效表现的影响研究［D］．浙江大学，2016.

[76] 赵文静．金融危机背景下美国高等教育经费投入机制研究［D］．郑州大学，2016.

[77] 冯映辉．美国社区学院多元化教育经费投入研究［D］．郑州大学，2016.

[78] 迟永慧．我国高等学校投融资改革研究［D］．对外经济贸易大学，2016.

[79] 由由，吴红斌，闵维方．高校经费水平、结构与科研产出——基于美国20所世界一流大学数据的分析［J］．高等教育研究，2016，37（4）：31-40.

[80] 刘强．美国高校经费来源市场化的差异性分析［J］．大学（研究版），2016（4）：64-71.

[81] 张建忠．民办高校政府财政扶持研究［D］．上海师范大学，2016.

[82] 陶元磊，李强．高校科研经费配置结构与科研绩效的门槛效应——以教育部直属高校为例［J］．技术经济，2016，35（2）：42-48.

[83] 王海兰，李燕飞，梁燕，等．高校科研经费投入与区域经济增长——基于产学研视角的分析［J］．科技管理研究，2016，36（4）：107-112.

[84] 刘芳，张晨，朱卫东，等．中英高校科研经费成本管理比较研究［J］．科技管理研究，2016，36（3）：61-65，88.

[85] 徐德利．高校创新能力建设中的经费保障研究［J］．管理观察，2016（3）：109-111.

[86] 杨正亚，崔杰，李前兵．江苏高校研发经费与科研成果产出的关联度测算［J］．价值工程，2015，34（35）：49-51.

[87] 唐磊．高校科研经费收入界定及纳税义务探讨［J］．财会学习，2015（17）：153-154.

[88] 马京伟，王鹏．中国高校科研经费投入对产出的门限效应［J］．

科技管理研究，2015，35（23）：91-95.

［89］刘闫锋. 浅析陕西地方高校教育经费管理［J］. 西部财会，2015（12）：8-10.

［90］陈舒. 国外私立高校经费筹措经验借鉴［J］. 合作经济与科技，2015（21）：38-39.

［91］赵祖地，翁琴雅. 浙江省高等教育经费投入问题及对策研究［J］. 杭州电子科技大学学报（社会科学版），2015，11（5）：58-61.

［92］耿晓伟. 高校体育场馆开放的经费来源与收入审计研究［J］. 人才资源开发，2015（20）：37-38.

［93］魏建国. 公立高校经费投入机制国际发展趋势［J］. 中国高等教育，2015（20）：58-61.

［94］李小平. 高校经费收支内部控制研究［J］. 时代金融，2015（20）：187，189.

［95］于江华. 我国公立高校经费来源二元化格局的困境分析［J］. 商，2015（26）：236，293.

［96］郑福桂. 财政拨款制度变迁对民族高校办学行为的影响［D］. 湖北民族学院，2015.

［97］潘启亮. 高校科研经费投入外溢作用及创新管理模式研究［J］. 科技管理研究，2015，35（12）：85-89.

［98］农丽媛. 广西高等教育财政投入机制探讨［J］. 高教论坛，2015（6）：42-44.

［99］钱海婷，程书强. 我国高校经费管理现状及效益评价体系建立［J］. 西安财经学院学报，2015，28（3）：113-116.

［100］李娟. 基于利益相关者理论的大学外部治理市场机制研究［D］. 宁波大学，2015.

［101］王飞. 教育投入与人的现代化研究［D］. 福建师范大学，2015.

［102］王剑月．CS大学经费内部控制问题与对策研究［D］．哈尔滨工业大学，2015.

［103］马红红．M民办高校融资困境及对策研究［D］．陕西师范大学，2015.

［104］郑宇．中国高校教育经费来源结构分析［D］．吉林大学，2015.

［105］陈一铭．我国民办高校经费问题的遗存与前瞻［J］．高教论坛，2015（5）：110-113.

［106］赵伟．专项经费管理与重点学科建设的研究［D］．北京体育大学，2015.

［107］李春晓．教育部直属高校教育经费使用效率评价研究［D］．大连理工大学，2015.

［108］姜蓉．澳大利亚高等教育经费筹措研究［D］．陕西师范大学，2015.

［109］卢苇．甘肃省属普通本科高校教育经费需求与供给研究［D］．西北师范大学，2015.

［110］聂慎．高校经费账目管理系统的研究与分析［D］．云南大学，2015.

［111］张伟达．河北省普通高校本科生学费标准研究［D］．河北大学，2015.

［112］王子晨．高等教育与中国经济增长关系的测度研究［D］．中国科学技术大学，2015.

［113］周丽．后4%时代背景下对高校教育经费管理的思考［J］．统计与管理，2015（4）：125-126.

［114］刘景艳．教育投入加大后高校教学经费投入管理研究［J］．现代商贸工业，2015，36（8）：157-158.

［115］陈全．教育部加强高校科研经费监管［N］．中国纪检监察报，

2015-03-18（001）.

［116］于进．高校经费管理问题研究［J］．商业会计，2015（4）：109-110.

［117］赵劲松．高校教学经费投入绩效评价体系建设研究［J］．集美大学学报（哲学社会科学版），2015，18（1）：57-62.

［118］罗新辉，陈琳．高校课程建设的教育经费投入模式研究——以会计专业为例［J］．经济师，2015（1）：211-213.

［119］王维华．中央财政加大高等职业教育经费投入的若干思考［J］．教育财会研究，2014，25（6）：45-49.

［120］“改革完善中央高校经费投入机制研究”课题组．中央直属高校财政拨款模式的历史变迁与改革思路［J］．华中师范大学学报（人文社会科学版），2014，53（6）：149-156.

［121］储朝晖．高校经费投入体制须细化至学科［N］．光明日报，2014-11-26（002）.

［122］谭旭红，陈光铭．中外高等教育经费来源途径对比分析及启示［J］．北方经贸，2014（11）：94-96.

［123］潘洹，房子磊．高校科研经费收入界定及所得税纳税义务探究［J］．会计之友，2014（31）：109-110.

［124］陆亚鸣，郑军．我国高校经费投入均衡化研究［J］．行政事业资产与财务，2014（30）：85-86.

［125］樊司．四川省地方高校教育经费统筹的案例研究［D］．电子科技大学，2015.

［126］杨正亚，万颖，崔杰，等．高校科技经费投入趋势预测与比较研究［J］．价值工程，2014，33（26）：249-251.

［127］陈梅，毛杰明．黑龙江省高校教育经费配置结构与效益分析［J］．特区经济，2014（7）：208-210.

［128］施振佺，郭畅．我国地方高校科技经费投入存在的问题及对策［J］．科技管理研究，2014，34（14）：78-81.

［129］成展鹏．我国高校多渠道筹资的利弊分析［D］．西北大学，2014.

［130］杨延东，张庆君．高等教育财政性经费投入规模、需求匹配及经济效应研究［J］．教育财会研究，2014，25（3）：3-8.

［131］陈学法，王笑笑．我国公立高校教育经费投入差异化模式的构建［J］．教育与经济，2014（3）：26-31，43.

［132］崔剑．内蒙古自治区高等院校筹资问题研究［D］．内蒙古农业大学，2014.

［133］张思鹏．高校教育经费配置效率评价研究［D］．大连理工大学，2014.

［134］郭宏．高等教育投资与人力资源强国建设的国际比较研究［D］．福建师范大学，2014.

［135］魏叶美．省级政府统筹视角下上海市高等教育投入机制研究［D］．华东师范大学，2014.

［136］郭江江，许益波，吴丹丹．我国高校研发投入与产出关系研究——基于经费结构视角［J］．中国高校科技，2014（5）：86-88.

［137］王春举，陆秋平．我国高校经费监管体系框架设计研究［J］．四川师范大学学报（社会科学版），2014，41（3）：100-106.

［138］陈雪娇．高校科研经费内部控制问题研究［D］．石家庄铁道大学，2014.

［139］范清水．越南高校财务管理自主权存在的问题及对策研究［D］．哈尔滨工业大学，2014.

［140］陈铭．高校教育资金监管问题研究［D］．首都经济贸易大学，2014.

［141］赵光龙．中国高等教育资源配置空间分布研究［D］．华东师范大学，2014.

［142］孙杰．高校专项经费绩效管理的研究［D］．江苏科技大学，2014.

［143］李俊峰，冯树清，李勋华．重庆市属高校教育经费投入的绩效评价研究——基于 DEA 及 AHP 模型的分析［J］．教育财会研究，2014，25（2）：9-14.

［144］王临珅．中国高等教育金融支持研究［D］．武汉大学，2014.

［145］刘金兰．我国普通高等教育经费投入结构研究［D］．南京师范大学，2014.

［146］秦杰昊．高等教育捐赠的税收激励研究［D］．西南财经大学，2014.

［147］钟斯洁．美国公立大学社会筹款研究［D］．湖南师范大学，2014.

［148］杜玮薇．中国高等教育经费监管机制研究［D］．云南财经大学，2014.

［149］赵萌，李凯．高校经费收入对科研产出影响的实证研究［J］．教育学术月刊，2014（1）：43-48.

［150］廖开锐，李洁雯．科学化精细化管理视角下的高校支出结构探析［J］．会计之友，2013（35）：73-77.

［151］陆莹，乐晓丹．江苏省地方高校教育经费投入结构对绩效的影响研究［J］．教育财会研究，2013，24（6）：16-21.

［152］张松，张巍．吉林省高等教育财政投入对策研究［J］．地方财政研究，2013（11）：39-43.

［153］崔来廷．美国私立高校高等教育成本分担探究［J］．黑河学院学报，2013，4（5）：17-21.

［154］许祥云，任奇，梁钢．地方普通高校经费来源的演变、现状与

问题剖析［J］. 中国高教研究，2013（10）：15-20.

［155］周程. 政府需要进一步加大高校科研经费投入［J］. 科学学研究，2013，31（10）：1450-1452.

［156］孙伦轩，曹清峰. 中国 R&D 经费投入中高校所占比重研究——基于省际面板数据的实证研究（1999—2011）［J］. 教育与经济，2013（5）：49-54.

［157］姜晓璐. 高校知识资本投入管理研究［D］. 东华大学，2013.

［158］冯爱兰. 对新建本科高校经费使用效益的探析［J］. 长春教育学院学报，2013，29（16）：137，139.

［159］查显友. 以效益为核心完善我国高等教育经费运行管理机制［J］. 中国高等教育，2013（Z3）：19-22.

［160］罗建平，马陆亭. 我国普通高校经费配置情况与教育质量研究［J］. 教育与经济，2013（3）：20-24.

［161］罗建平，马陆亭. 我国普通高校经费配置结构与效率分析［J］. 河北师范大学学报（教育科学版），2013，15（7）：54-58.

［162］秦惠民，杨程. 地方政府对高等教育投入努力程度的实证研究［J］. 国家教育行政学院学报，2013（7）：73-79.

［163］钟冲. 高校生均成本地区差异性及其对产出效益影响的研究［D］. 西南交通大学，2013.

［164］张和生，高天武. 我国高校经费投入问题分析与对策研究［J］. 经济师，2013（7）：74-75.

［165］牟珏葶. 黑龙江省普通高等教育经费问题研究［D］. 黑龙江大学，2013.

［166］张兴强. 我国公立高校投入体制中的政府职责研究［D］. 山东财经大学，2013.

［167］邱南南. 我国普通高等学校多元化教育经费来源研究［D］. 郑

州大学，2013.

［168］姚晓明．河南省公共财政性高等教育经费问题研究［D］．郑州大学，2013.

［169］刘炜．基于企业技术能力演化的产学研合作创新机理研究［D］．华南理工大学，2013.

［170］刘亚琴．我国高等教育财政投入的现状及效率研究［D］．云南财经大学，2013.

［171］牟子．我国普通高等教育财政拨款影响因素及拨款标准研究［D］．长沙理工大学，2013.

［172］宋婕．普通高校教育成本与教学质量相关性研究［D］．长沙理工大学，2013.

［173］余祥蓉．我国高等教育财政公平问题研究［D］．东北师范大学，2013.

［174］杨家珍．地方普通高校生均拨款研究［D］．湖北大学，2013.

［175］徐嫣．高校公共财政专项经费绩效评价指标体系研究［D］．复旦大学，2013.

［176］陈东霞．从4%的教育经费投入看高校经费监管问题［J］．经济研究导刊，2013（10）：31-32.

［177］刘言冰．我国公立高校筹款机制研究［D］．沈阳师范大学，2013.

［178］朱莺．美国公立研究型大学的财政变迁及其影响［D］．华东师范大学，2013.

［179］高琦．高校二级学院财务管理研究［D］．上海师范大学，2013.

［180］朱楠，姚聪莉．我国高校哲学社会科学科研经费投入模式分析［J］．中国高等教育，2013（6）：41-43.

［181］张颖．我国高等教育投入结构变化及其影响因素研究［D］．山东大学，2013.

［182］张敏．高校经费精细化管理研究［D］．江苏科技大学，2013.

［183］周奇杰．基于BSC的高校专项经费绩效评价研究［D］．南京师范大学，2013.

［184］石金龙．黑龙江省高校财务风险预警系统构建研究［D］．黑龙江大学，2013.

［185］胡帆．高等学校财政投入绩效评价研究［D］．武汉理工大学，2013.

［186］许爱萍，俞会新．高校科研经费投入与城市经济增长关系的实证分析——以京津沪为例［J］．科技管理研究，2013，33（3）：102-106.

［187］冯英，张璐杰．近十年来我国高校基础研究经费投入状况分析［J］．国家教育行政学院学报，2013（1）：18-22.

［188］李蕾．河北省高等教育投入保障机制研究［D］．石家庄铁道大学，2013.

［189］李瑶．地方政府对地方高校财政投入差异研究［D］．华中科技大学，2013.

［190］徐春．高等教育经费管理研究［D］．东华大学，2013.

［191］教育部将开展直属高校科研经费管理专项巡视［J］．新课程研究（中旬刊），2012（12）：142.

［192］李丹．中国高校财务制度研究［D］．吉林大学，2012.

［193］乐晓丹．地方高校教育经费投入结构对绩效的影响分析［D］．南京工业大学，2012.

［194］杜屏，魏新．美国高校的经费来源及启示［J］．中国教育政策评论，2012（00）：116-129.

［195］段云华．地方高等教育经费投入结构分析——以湖北省为例

[J]. 教育与经济，2012（4）：46-49.

[196] 郑丹 . ZZSF 学院融资渠道研究 [D]. 长沙理工大学，2012.

[197] 杨明，赵凌 . 论普通高校十年扩招中经费投入的特征、问题及对策 [J]. 浙江大学学报（人文社会科学版），2012，42（5）：165-177.

[198] 赵永辉 . 我国高等教育支出责任与财力保障的匹配研究 [D]. 华中科技大学，2012.

[199] 李晓辰 . 地方政府高等教育投资差异影响因素研究 [D]. 哈尔滨师范大学，2012.

[200] 荣志华 . 公立高校债务中的行政法问题研究 [D]. 中南民族大学，2012.

[201] 任奇 . 地方普通高校教育经费来源的现状及对策 [D]. 江西农业大学，2012.

[202] 刘振东，杨癸 . 地方高校经费来源的市场模式研究 [J]. 安阳工学院学报，2012，11（2）：99-102.

[203] 郭德侠，杨绮雯 . 2001—2009 年我国高等教育经费来源结构及其变动分析 [J]. 高等理科教育，2012（1）：68-75.

[204] 赵璐 . 我国公立高校经费筹措研究 [D]. 华东理工大学，2012.

[205] 熊华军，杨雯静 . 西部地区地方普通高校经费来源状况分析 [J]. 中国农业教育，2011（5）：28-31.

[206] 向林峰 . 发达国家高校经费来源分析及思考 [J]. 中国集体经济，2011（21）：194-195.

[207] 董新美 . 扩招以来高等教育政府间财政责任的研究 [D]. 南京大学，2011.

[208] 王超 . 中日高等教育筹资模式改革的比较研究 [D]. 山西大学，2011.

［209］陈璟．湖北大学经费收支结构研究［D］．湖北大学，2011.

［210］黄可欣．中印高等教育投资来源比较研究［D］．长沙理工大学，2011.

［211］陆莹，叶青松．地方高校经费收入来源的拓展策略研究［J］．会计之友（中旬刊），2010（10）：13-16.

［212］李勇，张丹．教育部直属高校教育经费投入影响因素实证分析［J］．教育财会研究，2010，21（3）：9-13.

［213］丰大双．改革开放以来我国普通高等教育经费来源结构研究［D］．大连理工大学，2010.

［214］叶通贤．高等学校贷款风险的控制与化解研究［D］．西南大学，2010.

［215］王鹏．地方政府对高等教育投入不足的对策研究［D］．长沙理工大学，2010.

［216］段鹏阳．地方普通高校经费来源结构差异影响因素的实证研究［A］//中国教育学会教育经济学分会．2009年中国教育经济学学术年会论文集［C］．2009：9.

［217］孙天亮．优化高校资本结构研究［D］．中国社会科学院研究生院，2009.

［218］王若梅．我国西部地方高校教育经费收入结构的多视角考量［J］．黑龙江高教研究，2009（9）：64-66.

［219］鲍威，刘艳辉．地方高等教育面临经费危机［N］．中国社会科学报，2009-08-25（008）．

［220］孙志军．扩招十年来中国普通高校经费收入的变化及解释［J］．清华大学教育研究，2009，30（4）：72-80.

［221］邢冰黎．我国民办高校财务管理现状与优化［D］．东北大学，2009.

［222］李伟．我国高等教育经费来源多元化研究［D］．河北师范大学，2009.

［223］陈梦．我国高等教育投资体制改革及模式研究［D］．厦门大学，2009.

［224］王强．美国私立高校多元化经费来源的借鉴与启示［J］．江西科技师范学院学报，2009（2）：65-67.

［225］陈武元．我国普通高校经费筹措的实证研究［J］．教育发展研究，2009，29（7）：34-39.

［226］任鹏．我国普通高校经费来源多元化问题研究［D］．西南大学，2009.

［227］高超．论我国公立高校经费来源渠道建设［D］．四川师范大学，2009.

［228］李苏．试论高校经费来源的基本模式及其借鉴［J］．会计之友（中旬刊），2009（3）：105-106.

［229］常现兵．我国公办高校办学经费管理问题研究［D］．山东大学，2009.

［230］陈萦，史秋衡．美国公立高校经费来源结构变化分析［J］．教育发展研究，2009，29（3）：73-77.

［231］朱恪孝．经费结构视角：地方高水平大学面临的挑战及发展机遇［J］．中国高教研究，2008（7）：36-39.

［232］王丹．地方高校办学经费筹措研究［D］．湖南农业大学，2008.

［233］孙羽迪．我国高等教育成本分担及国际比较［D］．北京工业大学，2008.

［234］宋韶婷．我国民办高等院校经营策略研究［D］．苏州大学，2008.

［235］孙凯．我国高等教育筹资方式多元化的研究［D］．燕山大

学，2008.

[236] 胡海智．福建省地方性新建本科院校教学经费差异化研究［D］．厦门大学，2008.

[237] 凌柳．广西高等教育经费投入问题研究［D］．厦门大学，2008.

[238] 史秋衡，陈蕖．美国高等教育供给模式与教育质量的关系研究［J］．国家教育行政学院学报，2008（3）：85-95.

[239] 李玉兰．大学生入学“绿色通道”继续畅通［N］．光明日报，2007-07-12.

[240] 于辉．普通高校预算管理研究［D］．山东科技大学，2007.

[241] 周朝成．私立（民办）高等教育发展的政府经费资助政策比较——以美、日、中三国为例［J］．浙江树人大学学报（人文社会科学版），2007（1）：10-15.

[242] 周朝成．美日中私立（民办）高等教育发展的政府经费资助之比较研究［J］．复旦教育论坛，2007（1）：79-83.

[243] 陈蕖．美国高校经费结构与教育质量的关系研究［D］．厦门大学，2006.

[244] 戴士权，王雪燕．日本私立高校经费筹措及其对我国民办高等教育的启示［J］．现代教育科学，2006（7）：62-65.

[245] 林莉．中国高校贷款问题研究［D］．厦门大学，2006.

[246] 梁克荫，郑宏，王强．陕西省财政支持高等教育发展研究［J］．民办教育研究，2006（3）：19-28，107.

[247] 初立萍．社会捐赠：高校经费的重要来源——基于中美比较的视角［J］．黑龙江教育（高教研究与评估），2006（5）：61-63.

[248] 李淑慧．影响我国普通高校经费筹措的因素及筹款对策研究［D］．中国地质大学（北京），2006.

[249] 刘彦伟，胡晓阳．20 世纪 90 年代中后期我国普通高等教育经

费来源结构的变动［J］. 高等教育研究，2005（6）：34-39.

［250］马书红. 中美高等教育投资来源的比较研究［D］. 辽宁师范大学，2005.

［251］朱茗. 高校图书馆收入经费的管理建议［J］. 大学图书情报学刊，2004（2）：69-70.

［252］王冲. 中国高校资本结构多元化及其优化研究［D］. 西南交通大学，2004.

［253］李德显. 美、日两国私立高校的经费来源［N］. 中国社会报，2003-11-28.

［254］布鲁斯·约翰斯通. 论高等教育成本分担［M］. 北京：人民教育出版社，2003.

［255］赵建春. 江苏高校：科技产业发展驶入快车道［N］. 中国教育报，2002-11-17.

［256］汪芳. 日本私立高校经费来源及启示［J］. 理工高教研究，2002（1）：129-130.

［257］柯佑祥. 民办高等教育盈利问题研究［D］. 厦门大学，2001.

［258］杨守杰. 增加经费收入，提高经费使用效益——探讨新时期高校财务工作思路与对策［J］. 福建建筑高等专科学校学报，2000（2）：77-80.

［259］周保利. 美国高等教育经费来源的特点及其借鉴［J］. 河北大学学报（哲学社会科学版），2000（4）：134-138.

［260］葛祥富. 美国高校经费来源渠道探讨及对发展我国高教事业的启示［J］. 教育财会研究，1996（1）：61-65.

［261］冯生尧. 美国高校经费来源概观［J］. 南方教育论丛，1993（2）：56-61.

［262］［美］保罗·萨缪尔森，［美］威廉·诺德豪斯. 经济学（第16版）［M］. 北京：华夏出版社，1999.

[263] 金子元久．高等教育成本补偿及其对教育公平的影响 [M]．北京：人民教育出版社，2003.

[264] 李文利，闵维方．中国高等教育个人需用、学费和规模扩展 [M]．北京：人民教育出版社，2003.

[265] 赵璐．我国公立高校经费筹措研究 [D]．华东理工大学，2011.

[266] 杨明，赵凌．论普通高校十年扩招中经费投入的特征、问题及对策 [J]．浙江大学学报（人文社会科学版），2012，42（5）.

[267] 靳宏．中国高等教育投资的主体结构合理吗？——基于 2001—2009 年普通高等教育投资的数据分析 [J]．北京科技大学学报（社会科学版），2012（3）.

[268] 张翼．公共财政制度下高等教育经费的筹措与成本分担及机制研究 [J]．教育与经济，2009（2）.

[269] 张继华．美国高等教育经费筹措经验分析 [J]．黑龙江高教研究，2009（10）.

[270] 李伟．欧美高校经费筹措多元化途径探析 [J]．沈阳建筑大学学报，2008（4）.

[271] 邹大光．高校贷款热的冷思考 [J]．南风窗，2007（4）.

[272] 杨青．美国大学基金会成功因素分析及启示 [J]．中国地质教育，2007（1）.

[273] 郑文谦，郭小平．中国台港澳私立大专院校经费筹措与管理及借鉴意义研究 [J]．黑龙江高教研究，2006（11）.

[274] 张继蓉，陈娟．美国高校募款机制及对我国高校筹资的启示 [J]．社会科学论坛，2006（2）.

[275] 徐艳玲．我国高等教育对经济增长的作用浅析 [J]．科技创业月刊，2006（7）.

［276］吴开俊．关于高等教育经费筹措的若干反思［J］．现代大学教育，2005（6）．

［277］马丽君．高校负债办学管理的新思路［J］．会计之友，2005（12）．

［278］马宁，孟继儒．普通高校的举债风险及其人本理念［J］．经济与管理，2005（12）．

［279］幻尹鹏．高等教育筹资与市场机制选择［J］．求索，2005（3）．

［280］周游．学校经营：理论、模式与策略［J］．中国教育与教学，2005（6）．

［281］李建发．从宏观政策看高等教育经费的筹措［J］．高等教育研究，2004（5）．

［282］赵永东．日本国立大学结构改革的原因简析［J］．现代教育科学：高教研究，2004（4）．

［283］王庆玲．中日两国大学教育与科研、生产相结合的基本形式和特点［J］．现代教育科学，2004（9）．

［284］周游．我国高等学校市场化经营：特征、障碍及路径分析［J］．辽宁教育研究，2003（1）．

［285］王迎君．战后日本教育体制改革的基本特征［J］．日本研究，2003（4）．

［286］袁连生．论教育的产品属性、学校的市场化运作及教育市场化［J］．教育与经济，2003（1）．

［287］胡瑞文，陈国良．中国高教筹资多元化：成就、挑战、展望［J］．教育发展研究，2001（7）．

［288］李福华．中美高等学校经费来源结构比较分析［J］．教育与经济，2000（1）．

［289］厉以宁．关于教育产品的性质和对教育的经营［J］．教育发展

研究，1999（10）.

［290］闵维方．论高等教育成本补偿政策的理论基础［J］．北京大学学报（哲学社会科学版），1998（2）.

［291］马跃．中国教育与经济发展方式及财政保障研究［D］．财政部财政科学研究所，2012.

［292］洪柳．国际比较视角下的高等教育经费来源研究［J］．北京教育，2013（4）.

［293］江涛．舒尔茨人力资本理论的核心思想及其启示［J］．扬州大学学报（人文社会科学版），2008（6）.

［294］高杰，曲绍卫，杨绮雯．当前教育部直属高校投资来源结构及增长态势分析［J］．江苏高教，2011（2）.

［295］国家中长期教育改革和发展规划纲要（2010—2020年）［EB/OL］. http：//www.jyb.cn/china/gnxw/201007/t20100729_378828_17.html.

［296］郭甲男．高校资金困境及融资模式探析［J］．会计师，2019（10）：47-48.

［297］利云．我国公立高校融资的困境与对策［J］．改革与战略，2018，34（8）：72-76.

［298］刘明．中外合办大学融资的法律问题［D］．北京外国语大学，2018.

［299］金育先．中国高校融资渠道的选择与策略研究［D］．吉林大学，2018.

［300］迟永慧．我国高等学校投融资改革研究［D］．对外经济贸易大学，2016.

［301］贺慧．我国高校多元化筹措经费问题探讨［J］．价值工程，2015，34（20）：237-238.

［302］杨建．我国高校融资渠道多元化研究［D］．石家庄铁道大

学，2015.

［303］毛国育．高校内源融资状况及展望分析［J］．教育财会研究，2011，22（3）：32-34.

［304］武恺．山西省高校融资问题研究［D］．山西财经大学，2010.

［305］宋晶．山西高校融资问题研究［D］．山西财经大学，2010.

［306］靳能泉．高校的内源性融资［J］．经营与管理，2008（3）：77-79.

［307］杜莉，宋兰旗．中国高校筹资制度创新研究［M］．北京：科学出版社，2012.

［308］BLAUG M. An introduction to the economies of education［M］. London：Penguin Press，1972.

［309］BRUCE W C. Courting philanthropy：The role of university presidents and chancellors in fund raising［D］. ProQuest Digital Dissertations，1994.

［310］DURONIO M A & LOSSIN B A. Effective fund raising in higher education［M］. San Francisco：Jossey-Bass，1991.

［311］DURAND B R. Demographic，institutional and leadership characteristics affecting fund raising performance：A study of public colleges in New York state［D］. ProQuest Digital Dissertations，2002.

［312］FHTE RHODES. Successful fund raising for higher education：The advancement of learning［M］. Phoenix，Ariz：Oryx Press，1997.

［313］JOHNSTONE B C. Finance and politics in the sharing the cost of higher education［Z］. The International Proseminar of Economies in Education，Beijing，2002.

［314］US DEPARTMENT OF EDUCATION. National postsecondary students aid study［R］. National Center for Education Statistics，2001.

［315］US DEPARTMENT OF EDUCATION. The digest of education statistics 2001［R］. National Center for Education Statistics，2001.

［316］ WORTH M J. Educational fund raising ：Principles and practices ［M］. CASE Publications Order Department， PO Box， 1993.

［317］ STOWE B. New strategies for educational fund raising ［J］. International Journal of Educational Advancement， 2003 （2）： 209–211.

［318］ PŪRAITĖ A， PRANEVIČIENĖ B， VASILIAVSKIENĖ V. State financing impact on autonomy of HEIs and its link with economic activities of universities ［J］. Engineering Economics， 2017， 28 （5）： 564–574.

［319］ RANI P G. Financing higher education and education loans in India： Interstate differentials and determinants ［J］. Journal of Social and Economic Development， 2017， 19 （1）： 42–59.

［320］ V Z， KRASILNYK O. Optimization of financing public higher education institutions in Ukraine ［J］. Vìsnik. Kiïvs'kogo Nacìonal'nogo Unìversitetu ìmenì Tarasa Ševčenka. Ekonomìka， 2017， 5 （194）： 6–13.

［321］ ABANKINA， VYNARYK， FILATOVA. The state policy of funding higher education under public budget constraints ［J］. Russian Education & Society， 2017， 59 （3–4）： 135–173.

［322］ VICTORIA F， OLGA D， TATYANA S. Diversification of the higher mining education financing in globalization era ［J］. E3S Web of Conferences， 2017： 21.

［323］ PANIGRAHI J. Innovative financing of higher education： Changing options and implications ［J］. Higher Education for the Future， 2018， 5 （1）： 61–74.

［324］ MGAIWA S J. The paradox of financing public higher education in Tanzania and the fate of quality education： The experience of selected universities ［J］. SAGE Open， 2018： 8.

［325］ PRIYONO D， AHMAD A. The implementation of higher education funding in Indonesia [J]. Open Access Library Journal, 2018, 5 (6): 1-11.

[326] ANTONIUK VALENTYNA P. The higher education in Ukraine on its way towards modernization [J]. Bìznes Inform, 2019, 4 (495): 198-204.

[327] ERFORT O, ERFORT I, LARISA ZBARAZSKAYA. Financing higher education in Ukraine: The binary model versus the diversification model [J]. International Journal of Educational Development, 2016 (49): 330-335.

[328] MEIJER C J W, WATKINS A. Financing special needs and inclusive education—From Salamanca to the Present [J]. International Journal of Inclusive Education, 2019, 23 (7-8): 705-721.

[329] WANI J M, JAN A. Financing universities in India [J]. TRANS Asian Journal of Marketing & Management Research, 2019, 8 (6 & 7): 14-23.

[330] GULZHAN ISATAYEVA, SANDUGASH KALDYKOIOVA, ZHUPANKUL AUELBEKOVA. The brisk financing of education: University education and state matching funds programs in international comparison [J]. Astra Salvensis, 2019 (12): 323-334.

[331] VEIS Y V, EREMICHEVA O Y, ILYINA L A, et al. Efficiency evaluating of project training investing as a method of private investors involvement [J]. SHS Web of Conferences, 2019: 62.

[332] BENITO M, GIL P, ROMERA R. Funding, is it key for standing out in the university rankings [J]. Scientometrics, 2019, 121 (2): 771-792.

[333] HUANG F. Higher education financing in Japan: Trends and challenges [J]. International Journal of Educational Development, 2018 (58): 106-115.

附　表

附表 1　指标权重

指标层	熵值法权重	变异系数法权重	组合权重
教育事业收入　*X*1	0. 136654	0. 062288	0. 085106
科研事业收入　*X*2	0. 093019	0. 095164	0. 088507
附属单位上缴收入　*X*3	0. 111456	0. 179944	0. 200529
利息收入　*X*4	0. 121456	0. 117138	0. 142251
教育补助拨款　*X*5	0. 158608	0. 053664	0. 085103
科研补助拨款　*X*6	0. 115519	0. 116484	0. 134541
其他补助拨款　*X*7	0. 149030	0. 062745	0. 093496
社会捐赠收入　*X*8	0. 044451	0. 188150	0. 083623
其他收入　*X*9	0. 069808	0. 124423	0. 086845

附表 2　2014—2018 年各高校办学经费融资水平得分

单位：分

年份	区域	序号	省市	大学名称	内源性融资	外源性融资	综合融资
2014	东部	1	北京市（24 所）	北京大学	0. 434253	0. 462507	0. 440297
		2		中国人民大学	0. 373060	0. 371635	0. 365882
		3		清华大学	0. 472163	0. 544160	0. 513761
		4		北京科技大学	0. 350205	0. 355866	0. 354379
		5		北京化工大学	0. 340096	0. 346771	0. 343621
		6		北京中医药大学	0. 338606	0. 340741	0. 339166
		7		北京师范大学	0. 422097	0. 367697	0. 401157
		8		北京外国语大学	0. 377991	0. 338989	0. 360322

续表

年份	区域	序号	省市	大学名称	内源性融资	外源性融资	综合融资
		9		北京语言大学	0.342259	0.339241	0.339029
		10		中国石油大学（北京）	0.350135	0.341767	0.342963
		11		北京邮电大学	0.352169	0.349167	0.348221
		12		中国矿业大学（北京）	0.339807	0.338804	0.339401
		13		中国地质大学（北京）	0.341921	0.346773	0.343720
		14		中国农业大学	0.354690	0.359819	0.357092
		15		北京林业大学	0.339529	0.341602	0.339457
		16		中国传媒大学	0.349323	0.341051	0.344763
		17		中央财经大学	0.343004	0.339315	0.338994
		18		中国政法大学	0.339513	0.340699	0.338967
		19		中央音乐学院	0.334598	0.336959	0.335631
		20		中央美术学院	0.335866	0.336068	0.335593
		21		中央戏剧学院	0.333335	0.334278	0.333866
		22		北京交通大学	0.354989	0.351009	0.349857
		23		对外经济贸易大学	0.350857	0.342563	0.343374
		24		华北电力大学	0.343383	0.341765	0.341695
		25	天津市（2所）	南开大学	0.353603	0.364677	0.356273
		26		天津大学	0.357395	0.377495	0.367082
		27	河北省（1所）	华北电力大学（保定）	0.338382	0.335564	0.335837
		28	上海市（8所）	复旦大学	0.378768	0.369340	0.366035
		29		上海交通大学	0.467698	0.404455	0.414440
		30		同济大学	0.369582	0.371455	0.366276
		31		华东理工大学	0.350613	0.347773	0.346748
		32		东华大学	0.342375	0.343151	0.341325
		33		上海外国语大学	0.350651	0.337577	0.344367
		34		华东师范大学	0.383475	0.355632	0.368939
		35		上海财经大学	0.347976	0.338460	0.339986
		36	江苏省（7所）	南京大学	0.362857	0.374982	0.366176
		37		东南大学	0.353706	0.370947	0.362026
		38		江南大学	0.348453	0.349800	0.346910
		39		中国矿业大学（徐州）	0.345081	0.348557	0.345259

续表

年份	区域	序号	省市	大学名称	内源性融资	外源性融资	综合融资
		40		河海大学	0. 344136	0. 350675	0. 346656
		41		南京农业大学	0. 342261	0. 347940	0. 344838
		42		中国药科大学	0. 338199	0. 341510	0. 339357
		43	浙江省（1所）	浙江大学	0. 436846	0. 447893	0. 432247
		44	福建省（1所）	厦门大学	0. 374886	0. 372641	0. 367026
		45	山东省（3所）	山东大学	0. 376975	0. 393530	0. 379183
		46		中国海洋大学	0. 344777	0. 353272	0. 347628
		47		中国石油大学（华东）	0. 427710	0. 350719	0. 395030
		48	广东省（2所）	中山大学	0. 467674	0. 391071	0. 433840
		49		华南理工大学	0. 360584	0. 366132	0. 360704
	中部	50	安徽省（1所）	合肥工业大学	0. 344512	0. 348601	0. 344704
		51	湖北省（7所）	武汉大学	0. 396063	0. 402143	0. 394528
		52		华中科技大学	0. 377173	0. 390639	0. 379019
		53		武汉理工大学	0. 352328	0. 363886	0. 355670
		54		华中师范大学	0. 347176	0. 356228	0. 350959
		55		中国地质大学（武汉）	0. 351194	0. 363243	0. 355153
		56		华中农业大学	0. 346945	0. 356806	0. 353591
		57		中南财经政法大学	0. 342932	0. 346419	0. 343391
		58	湖南省（2所）	湖南大学	0. 348213	0. 354048	0. 349474
		59		中南大学	0. 364748	0. 366618	0. 360552
	西部	60	重庆市（2所）	重庆大学	0. 370229	0. 362557	0. 360951
		61		西南大学	0. 358172	0. 358647	0. 354681
		62	四川省（4所）	四川大学	0. 390444	0. 385182	0. 379209
		63		西南交通大学	0. 364340	0. 356666	0. 355169
		64		西南财经大学	0. 345210	0. 341771	0. 341072
		65		电子科技大学	0. 357148	0. 358693	0. 355123
		66	陕西省（5所）	西安交通大学	0. 410348	0. 364245	0. 387004
		67		陕西师范大学	0. 347091	0. 346204	0. 346147
		68		西北农林科技大学	0. 345172	0. 359802	0. 353035
		69		西安电子科技大学	0. 347761	0. 346584	0. 344826
		70		长安大学	0. 344924	0. 348565	0. 345645

续表

年份	区域	序号	省市	大学名称	内源性融资	外源性融资	综合融资
		71	甘肃省（1所）	兰州大学	0.344316	0.358090	0.350661
	东北	72	辽宁省（2所）	大连理工大学	0.364885	0.355121	0.354451
		73		东北大学	0.356987	0.354828	0.353077
		74	吉林省（2所）	吉林大学	0.382248	0.429367	0.402395
		75		东北师范大学	0.343017	0.345127	0.342143
		76	黑龙江省（1所）	东北林业大学	0.342144	0.342521	0.341939
2015	东部	1	北京市（24所）	北京大学	0.432115	0.498957	0.460266
		2		中国人民大学	0.379978	0.375755	0.372920
		3		清华大学	0.518022	0.743502	0.653069
		4		北京科技大学	0.352108	0.371422	0.367301
		5		北京化工大学	0.347777	0.353468	0.352438
		6		北京中医药大学	0.356654	0.343186	0.346402
		7		北京师范大学	0.49432	0.377221	0.448308
		8		北京外国语大学	0.393891	0.338699	0.369857
		9		北京语言大学	0.341317	0.338318	0.338254
		10		中国石油大学（北京）	0.348999	0.342279	0.343580
		11		北京邮电大学	0.352047	0.349458	0.347624
		12		中国矿业大学（北京）	0.338805	0.340770	0.340109
		13		中国地质大学（北京）	0.346789	0.343781	0.343837
		14		中国农业大学	0.374877	0.361268	0.369161
		15		北京林业大学	0.340826	0.342242	0.340607
		16		中国传媒大学	0.349140	0.342528	0.345572
		17		中央财经大学	0.343437	0.340552	0.339728
		18		中国政法大学	0.339343	0.342731	0.340588
		19		中央音乐学院	0.334769	0.335699	0.334988
		20		中央美术学院	0.336748	0.337156	0.336395
		21		中央戏剧学院	0.333356	0.335586	0.334587
		22		北京交通大学	0.355753	0.361381	0.356200
		23		对外经济贸易大学	0.347174	0.342493	0.342262
		24		华北电力大学	0.343178	0.341360	0.341698
		25	天津市（2所）	南开大学	0.352535	0.370256	0.359454

续表

年份	区域	序号	省市	大学名称	内源性融资	外源性融资	综合融资
		26		天津大学	0.360280	0.386839	0.374319
		27	河北省（1所）	华北电力大学（保定）	0.338465	0.335813	0.336165
		28	上海市（8所）	复旦大学	0.378443	0.395652	0.381287
		29		上海交通大学	0.485939	0.446651	0.449347
		30		同济大学	0.368753	0.379952	0.371617
		31		华东理工大学	0.350511	0.351979	0.349077
		32		东华大学	0.344411	0.347265	0.344439
		33		上海外国语大学	0.351338	0.339624	0.345480
		34		华东师范大学	0.362043	0.361453	0.358571
		35		上海财经大学	0.349282	0.342571	0.342627
		36	江苏省（7所）	南京大学	0.359918	0.383525	0.370916
		37		东南大学	0.356514	0.376654	0.366384
		38		江南大学	0.347236	0.347960	0.345752
		39		中国矿业大学（徐州）	0.347522	0.352338	0.348770
		40		河海大学	0.345016	0.353049	0.348426
		41		南京农业大学	0.343754	0.348778	0.345481
		42		中国药科大学	0.338654	0.341162	0.339360
		43	浙江省（1所）	浙江大学	0.448196	0.485070	0.468132
		44	福建省（1所）	厦门大学	0.369033	0.389899	0.375082
		45	山东省（3所）	山东大学	0.375563	0.404751	0.384778
		46		中国海洋大学	0.347036	0.358822	0.352335
		47		中国石油大学（华东）	0.429685	0.351266	0.395689
		48	广东省（2所）	中山大学	0.408666	0.419852	0.416506
		49		华南理工大学	0.364801	0.376810	0.369188
	中部	50	安徽省（1所）	合肥工业大学	0.350261	0.348897	0.348241
		51	湖北省（7所）	武汉大学	0.399087	0.407291	0.399825
		52		华中科技大学	0.375709	0.438322	0.408823
		53		武汉理工大学	0.356101	0.382864	0.367702
		54		华中师范大学	0.349115	0.360853	0.354321
		55		中国地质大学（武汉）	0.347049	0.369216	0.358084
		56		华中农业大学	0.344106	0.354473	0.349705

续表

年份	区域	序号	省市	大学名称	内源性融资	外源性融资	综合融资
		57		中南财经政法大学	0.343096	0.346587	0.343391
		58	湖南省（2所）	湖南大学	0.348580	0.357467	0.351549
		59		中南大学	0.367007	0.373079	0.365648
	西部	60	重庆市（2所）	重庆大学	0.370734	0.368923	0.367527
		61		西南大学	0.360148	0.360571	0.355789
		62	四川省（4所）	四川大学	0.374617	0.401295	0.384912
		63		西南交通大学	0.361506	0.362090	0.357480
		64		西南财经大学	0.347978	0.343248	0.342873
		65		电子科技大学	0.358625	0.360573	0.356407
		66	陕西省（5所）	西安交通大学	0.409674	0.390243	0.406474
		67		陕西师范大学	0.353488	0.350157	0.352311
		68		西北农林科技大学	0.346208	0.363553	0.356053
		69		西安电子科技大学	0.346784	0.349299	0.346545
		70		长安大学	0.348197	0.350358	0.348816
		71	甘肃省（1所）	兰州大学	0.346361	0.355265	0.349486
	东北	72	辽宁省（2所）	大连理工大学	0.359528	0.361576	0.357890
		73		东北大学	0.358828	0.355774	0.354794
		74	吉林省（2所）	吉林大学	0.385025	0.414425	0.397007
		75		东北师范大学	0.344465	0.347898	0.343965
		76	黑龙江省（1所）	东北林业大学	0.337751	0.343260	0.339841
2016	东部	1	北京市（24所）	北京大学	0.436673	0.513971	0.467652
		2		中国人民大学	0.388998	0.377703	0.377216
		3		清华大学	0.536069	0.724018	0.651993
		4		北京科技大学	0.362135	0.359577	0.362660
		5		北京化工大学	0.341645	0.360319	0.351474
		6		北京中医药大学	0.357236	0.341654	0.344275
		7		北京师范大学	0.399447	0.381809	0.393427
		8		北京外国语大学	0.407499	0.339538	0.376904
		9		北京语言大学	0.341616	0.339682	0.339119
		10		中国石油大学（北京）	0.344186	0.343816	0.343406
		11		北京邮电大学	0.350019	0.349792	0.347174

续表

年份	区域	序号	省市	大学名称	内源性融资	外源性融资	综合融资
		12		中国矿业大学（北京）	0.339705	0.338782	0.339164
		13		中国地质大学（北京）	0.343558	0.342102	0.341324
		14		中国农业大学	0.360042	0.361917	0.358217
		15		北京林业大学	0.340400	0.342843	0.340683
		16		中国传媒大学	0.352403	0.342474	0.347289
		17		中央财经大学	0.344959	0.340172	0.339975
		18		中国政法大学	0.339883	0.343072	0.340352
		19		中央音乐学院	0.334604	0.335385	0.334794
		20		中央美术学院	0.337417	0.338107	0.337060
		21		中央戏剧学院	0.333438	0.334419	0.334049
		22		北京交通大学	0.355188	0.353530	0.351082
		23		对外经济贸易大学	0.351397	0.342928	0.343624
		24		华北电力大学	0.344342	0.341305	0.341962
		25	天津市（2所）	南开大学	0.361356	0.374836	0.364042
		26		天津大学	0.360910	0.385307	0.371794
		27	河北省（1所）	华北电力大学（保定）	0.338333	0.336416	0.336317
		28	上海市（8所）	复旦大学	0.401872	0.402808	0.391460
		29		上海交通大学	0.499994	0.482092	0.479240
		30		同济大学	0.367189	0.381713	0.371197
		31		华东理工大学	0.351485	0.351534	0.349076
		32		东华大学	0.344709	0.344616	0.342842
		33		上海外国语大学	0.353667	0.338521	0.346177
		34		华东师范大学	0.367860	0.363898	0.362187
		35		上海财经大学	0.346646	0.339483	0.340238
		36	江苏省（7所）	南京大学	0.362179	0.384787	0.372411
		37		东南大学	0.356926	0.374154	0.364406
		38		江南大学	0.348060	0.350778	0.347331
		39		中国矿业大学（徐州）	0.344339	0.353333	0.348339
		40		河海大学	0.345771	0.352870	0.348165
		41		南京农业大学	0.347181	0.350989	0.347911
		42		中国药科大学	0.338647	0.342681	0.340347

续表

年份	区域	序号	省市	大学名称	内源性融资	外源性融资	综合融资
		43	浙江省（1所）	浙江大学	0.449176	0.496471	0.470012
		44	福建省（1所）	厦门大学	0.370985	0.397626	0.379139
		45	山东省（3所）	山东大学	0.389131	0.411526	0.394926
		46		中国海洋大学	0.355519	0.361932	0.356303
		47		中国石油大学（华东）	0.391226	0.355333	0.374206
		48	广东省（2所）	中山大学	0.414024	0.420885	0.414331
		49		华南理工大学	0.366768	0.373634	0.366422
	中部	50	安徽省（1所）	合肥工业大学	0.344726	0.351107	0.346352
		51	湖北省（7所）	武汉大学	0.404194	0.425936	0.414335
		52		华中科技大学	0.373307	0.437011	0.406120
		53		武汉理工大学	0.353942	0.374455	0.361973
		54		华中师范大学	0.347013	0.365910	0.356109
		55		中国地质大学（武汉）	0.344359	0.367590	0.355609
		56		华中农业大学	0.346797	0.355731	0.350893
		57		中南财经政法大学	0.342001	0.350924	0.345288
		58	湖南省（2所）	湖南大学	0.350489	0.359099	0.353011
		59		中南大学	0.363076	0.377509	0.366646
	西部	60	重庆市（2所）	重庆大学	0.365668	0.368174	0.363646
		61		西南大学	0.363302	0.365459	0.359284
		62	四川省（4所）	四川大学	0.377212	0.402545	0.384911
		63		西南交通大学	0.360446	0.363184	0.357833
		64		西南财经大学	0.350038	0.343337	0.343207
		65		电子科技大学	0.362856	0.363339	0.359102
		66	陕西省（5所）	西安交通大学	0.405397	0.386674	0.396181
		67		陕西师范大学	0.381785	0.350486	0.368680
		68		西北农林科技大学	0.346676	0.367171	0.357528
		69		西安电子科技大学	0.350900	0.349998	0.347521
		70		长安大学	0.354179	0.349885	0.352265
		71	甘肃省（1所）	兰州大学	0.346103	0.361946	0.353618
	东北	72	辽宁省（2所）	大连理工大学	0.361414	0.361489	0.357763
		73		东北大学	0.362523	0.361397	0.359989

续表

年份	区域	序号	省市	大学名称	内源性融资	外源性融资	综合融资
		74	吉林省（2所）	吉林大学	0.384988	0.407502	0.391245
		75		东北师范大学	0.352866	0.349699	0.347143
		76	黑龙江省（1所）	东北林业大学	0.338610	0.342505	0.339638
2017	东部	1	北京市（24所）	北京大学	0.441419	0.646531	0.539338
		2		中国人民大学	0.398653	0.382208	0.382058
		3		清华大学	0.66001	0.651465	0.612327
		4		北京科技大学	0.351706	0.360328	0.355546
		5		北京化工大学	0.342788	0.359266	0.350904
		6		北京中医药大学	0.356583	0.343324	0.344664
		7		北京师范大学	0.417555	0.383000	0.402241
		8		北京外国语大学	0.404624	0.340308	0.374665
		9		北京语言大学	0.344077	0.339265	0.339408
		10		中国石油大学（北京）	0.347138	0.345348	0.344765
		11		北京邮电大学	0.351248	0.351003	0.348118
		12		中国矿业大学（北京）	0.340297	0.341043	0.341198
		13		中国地质大学（北京）	0.350099	0.344268	0.344329
		14		中国农业大学	0.364527	0.360883	0.359154
		15		北京林业大学	0.417542	0.343561	0.386920
		16		中国传媒大学	0.351282	0.343218	0.346947
		17		中央财经大学	0.343936	0.342079	0.340703
		18		中国政法大学	0.342775	0.342822	0.340959
		19		中央音乐学院	0.335635	0.335943	0.335357
		20		中央美术学院	0.337208	0.337599	0.336686
		21		中央戏剧学院	0.333519	0.334984	0.334280
		22		北京交通大学	0.357573	0.354962	0.352181
		23		对外经济贸易大学	0.352539	0.344470	0.344563
		24		华北电力大学	0.344318	0.342414	0.342557
		25	天津市（2所）	南开大学	0.363469	0.376842	0.365373
		26		天津大学	0.365284	0.407031	0.382744
		27	河北省（1所）	华北电力大学（保定）	0.338389	0.337051	0.336661
		28	上海市（8所）	复旦大学	0.406691	0.413524	0.400283

续表

年份	区域	序号	省市	大学名称	内源性融资	外源性融资	综合融资
		29		上海交通大学	0.595373	0.455355	0.479095
		30		同济大学	0.380624	0.392044	0.383217
		31		华东理工大学	0.351623	0.350604	0.348297
		32		东华大学	0.343494	0.344626	0.342393
		33		上海外国语大学	0.352767	0.338612	0.345571
		34		华东师范大学	0.366986	0.368170	0.361945
		35		上海财经大学	0.352314	0.341191	0.342528
		36	江苏省（7所）	南京大学	0.367595	0.393158	0.380449
		37		东南大学	0.357976	0.376195	0.365777
		38		江南大学	0.353011	0.350465	0.348311
		39		中国矿业大学（徐州）	0.345621	0.352358	0.347590
		40		河海大学	0.345779	0.354317	0.348878
		41		南京农业大学	0.345926	0.347535	0.344466
		42		中国药科大学	0.341093	0.342893	0.340863
		43	浙江省（1所）	浙江大学	0.514397	0.465093	0.470587
		44	福建省（1所）	厦门大学	0.379238	0.395723	0.381189
		45	山东省（3所）	山东大学	0.393855	0.421269	0.398446
		46		中国海洋大学	0.350952	0.371568	0.360543
		47		中国石油大学（华东）	0.395684	0.356161	0.375385
		48	广东省（2所）	中山大学	0.406052	0.425943	0.415117
		49		华南理工大学	0.371504	0.376954	0.369070
	中部	50	安徽省（1所）	合肥工业大学	0.344826	0.352179	0.347069
		51	湖北省（7所）	武汉大学	0.395247	0.437830	0.414832
		52		华中科技大学	0.381590	0.459400	0.423538
		53		武汉理工大学	0.357249	0.383975	0.367835
		54		华中师范大学	0.352088	0.367509	0.358889
		55		中国地质大学（武汉）	0.349245	0.371705	0.359993
		56		华中农业大学	0.348815	0.353314	0.349117
		57		中南财经政法大学	0.342958	0.351033	0.345731
		58	湖南省（2所）	湖南大学	0.352337	0.358983	0.352934
		59		中南大学	0.370476	0.383917	0.371870

续表

年份	区域	序号	省市	大学名称	内源性融资	外源性融资	综合融资
	西部	60	重庆市（2所）	重庆大学	0.375663	0.367927	0.365619
		61		西南大学	0.370622	0.365912	0.361078
		62	四川省（4所）	四川大学	0.379613	0.403081	0.384952
		63		西南交通大学	0.365942	0.362438	0.358285
		64		西南财经大学	0.353162	0.343170	0.343966
		65		电子科技大学	0.375067	0.363703	0.362401
		66	陕西省（5所）	西安交通大学	0.406663	0.382303	0.389313
		67		陕西师范大学	0.391862	0.348585	0.374173
		68		西北农林科技大学	0.347838	0.363083	0.354554
		69		西安电子科技大学	0.354186	0.351983	0.349455
		70		长安大学	0.342536	0.351378	0.345591
		71	甘肃省（1所）	兰州大学	0.349059	0.359095	0.352310
	东北	72	辽宁省（2所）	大连理工大学	0.361444	0.363737	0.359020
		73		东北大学	0.361746	0.361106	0.358764
		74	吉林省（2所）	吉林大学	0.392215	0.420677	0.404276
		75		东北师范大学	0.350987	0.351381	0.347496
		76	黑龙江省（1所）	东北林业大学	0.338144	0.342286	0.339405
2018	东部	1	北京市（24所）	北京大学	0.459435	0.588461	0.519613
		2		中国人民大学	0.432845	0.384482	0.390003
		3		清华大学	0.724320	0.740983	0.677917
		4		北京科技大学	0.355953	0.361458	0.358282
		5		北京化工大学	0.343291	0.357611	0.350771
		6		北京中医药大学	0.367613	0.345459	0.348626
		7		北京师范大学	0.586626	0.386628	0.505856
		8		北京外国语大学	0.409988	0.340629	0.378305
		9		北京语言大学	0.344462	0.340159	0.340154
		10		中国石油大学（北京）	0.348270	0.343491	0.343558
		11		北京邮电大学	0.352484	0.352419	0.349408
		12		中国矿业大学（北京）	0.344322	0.340640	0.342852
		13		中国地质大学（北京）	0.347837	0.344888	0.344180
		14		中国农业大学	0.358947	0.370008	0.364221

续表

年份	区域	序号	省市	大学名称	内源性融资	外源性融资	综合融资
		15		北京林业大学	0.340080	0.343827	0.340863
		16		中国传媒大学	0.358277	0.343434	0.349754
		17		中央财经大学	0.346426	0.341838	0.341206
		18		中国政法大学	0.344855	0.344972	0.342801
		19		中央音乐学院	0.337740	0.336155	0.335995
		20		中央美术学院	0.336926	0.338564	0.337237
		21		中央戏剧学院	0.333656	0.334904	0.334262
		22		北京交通大学	0.361561	0.355065	0.353592
		23		对外经济贸易大学	0.353434	0.344375	0.344763
		24		华北电力大学	0.344587	0.343267	0.343025
		25	天津市（2所）	南开大学	0.369729	0.397480	0.378038
		26		天津大学	0.367970	0.386652	0.372616
		27	河北省（1所）	华北电力大学（保定）	0.339251	0.337081	0.337003
		28	上海市（8所）	复旦大学	0.420006	0.413384	0.407353
		29		上海交通大学	0.615713	0.458314	0.493135
		30		同济大学	0.384576	0.392732	0.384453
		31		华东理工大学	0.356535	0.354428	0.352253
		32		东华大学	0.344211	0.344769	0.342569
		33		上海外国语大学	0.351606	0.341251	0.346230
		34		华东师范大学	0.369097	0.361931	0.358882
		35		上海财经大学	0.353175	0.341142	0.342751
		36	江苏省（7所）	南京大学	0.369969	0.392483	0.380960
		37		东南大学	0.360741	0.377637	0.367201
		38		江南大学	0.354975	0.353529	0.351020
		39		中国矿业大学（徐州）	0.347505	0.352903	0.348396
		40		河海大学	0.348271	0.354728	0.349700
		41		南京农业大学	0.347201	0.348748	0.346095
		42		中国药科大学	0.341510	0.346623	0.343734
		43	浙江省（1所）	浙江大学	0.538219	0.460926	0.475945
		44	福建省（1所）	厦门大学	0.382788	0.377452	0.372196
		45	山东省（3所）	山东大学	0.397615	0.434534	0.407435

续表

年份	区域	序号	省市	大学名称	内源性融资	外源性融资	综合融资
		46		中国海洋大学	0.353529	0.364321	0.357030
		47		中国石油大学（华东）	0.395557	0.361323	0.378026
		48	广东省（2所）	中山大学	0.419665	0.436483	0.428661
		49		华南理工大学	0.375703	0.375177	0.369484
	中部	50	安徽省（1所）	合肥工业大学	0.346524	0.352660	0.347490
		51	湖北省（7所）	武汉大学	0.386676	0.440248	0.410892
		52		华中科技大学	0.393374	0.445527	0.414161
		53		武汉理工大学	0.357164	0.384799	0.368020
		54		华中师范大学	0.358104	0.372938	0.363329
		55		中国地质大学（武汉）	0.351130	0.375856	0.362556
		56		华中农业大学	0.348014	0.357231	0.351979
		57		中南财经政法大学	0.343716	0.351287	0.345899
		58	湖南省（2所）	湖南大学	0.356004	0.359102	0.353729
		59		中南大学	0.368766	0.385517	0.372899
	西部	60	重庆市（2所）	重庆大学	0.376078	0.369348	0.365470
		61		西南大学	0.372357	0.366975	0.361888
		62	四川省（4所）	四川大学	0.385112	0.407827	0.390083
		63		西南交通大学	0.371595	0.365063	0.361432
		64		西南财经大学	0.353103	0.344586	0.344829
		65		电子科技大学	0.379221	0.367127	0.365164
		66	陕西省（5所）	西安交通大学	0.406644	0.387692	0.389147
		67		陕西师范大学	0.377310	0.348564	0.363664
		68		西北农林科技大学	0.348485	0.366114	0.357048
		69		西安电子科技大学	0.356306	0.352045	0.349929
		70		长安大学	0.342936	0.354139	0.347357
		71	甘肃省（1所）	兰州大学	0.350967	0.361358	0.354375
	东北	72	辽宁省（2所）	大连理工大学	0.367324	0.366936	0.362820
		73		东北大学	0.367290	0.360819	0.360006
		74	吉林省（2所）	吉林大学	0.393237	0.410128	0.395494
		75		东北师范大学	0.351407	0.351261	0.347540
		76	黑龙江省（1所）	东北林业大学	0.338612	0.342645	0.339618

附表 3 2014—2018 年各地区高校办学经费融资指数得分

单位：分

年份	地区	内源性融资	外源性融资	综合融资
2014	东部	0. 376955	0. 373501	0. 371938
	中部	0. 359324	0. 362310	0. 357485
	西部	0. 357149	0. 356681	0. 354350
	东北	0. 356840	0. 366487	0. 360839
2015	东部	0. 373476	0. 384326	0. 377667
	中部	0. 360433	0. 368694	0. 362173
	西部	0. 356773	0. 360366	0. 357071
	东北	0. 355594	0. 364931	0. 359066
2016	东部	0. 365492	0. 375163	0. 367710
	中部	0. 358843	0. 363630	0. 359772
	西部	0. 359311	0. 363807	0. 358884
	东北	0. 363450	0. 366743	0. 360610
2017	东部	0. 386513	0. 388773	0. 382062
	中部	0. 362041	0. 362220	0. 359109
	西部	0. 362977	0. 366404	0. 362135
	东北	0. 366928	0. 366939	0. 362059
2018	东部	0. 396856	0. 394794	0. 389655
	中部	0. 356499	0. 370013	0. 360448
	西部	0. 365945	0. 365595	0. 361215
	东北	0. 357598	0. 362126	0. 356734

附表 4 2014—2018 年全国层面高校办学经费融资水平指数得分

单位：分

年份	内源性融资	外源性融资	综合融资
2014	0. 362567	0. 364745	0. 361153
2015	0. 361569	0. 369579	0. 363994
2016	0. 361774	0. 367336	0. 361744
2017	0. 369615	0. 371084	0. 366341
2018	0. 369225	0. 373132	0. 367013

重要术语索引

X

Z